Der Architekt Ernst Zinsser

—

Modelle seiner Bauten in Hannover

jovis

jovis

Der Architekt Ernst Zinsser

Herausgeber
Zvonko Turkali
Jens Broszeit
Arlette Feltz-Süßenbach
Henrik Weber

— Modelle
seiner Bauten in Hannover

Vorwort

Prof. Zvonko Turkali
Institut für Entwerfen und Gebäudelehre
Leibniz Universität Hannover

Das Conti-Haus, zwischen 1952 und 1953 als Sitz der Hauptverwaltung der Continental AG erstellt und seit 1995 von der Leibniz Universität Hannover genutzt, ist das Gebäude, durch das ich auf das Werk von Ernst Zinsser aufmerksam wurde. Ich muss an dieser Stelle zugeben, dass ich als Frankfurter Architekt Zinsser und seine Arbeiten bis zu meiner Berufung an die Leibniz Universität nicht kannte. „Wieder so ein Johannes Krahn", ging mir durch den Kopf, als ich an einem verregneten Apriltag im Jahre 1998 am Königsworther Platz vor der filigranen Fassade des schön proportionierten Hochhauses stand. Mit Johannes Krahn verbinde ich Architekten, die wenig publiziert wurden – vermutlich, weil sie selbst nie einen großen Wert darauf gelegt haben –, und demnach jenseits der Grenzen ihrer Stadt kaum bekannt sind, zugleich jedoch gekonnt bauten und schlussendlich ein faszinierendes architektonisches Werk hinterlassen haben. Bei Johannes Krahn finde ich es heute noch unverständlich, dass dieser Baumeister vieler wunderbarer Kirchen oder der zurückhaltenden und ebenso präsenten Erweiterung des Städel Museums samt Städelschule, an der ich einige Jahre meines Studiums verbrachte, nur wenigen eingeweihten Frankfurter Architekten bekannt ist. Ähnliche Erfahrungen machte ich in den vergangenen Jahren mit Ernst Zinsser und seinem Werk. Bundesweit ist er in der Architektenschaft kaum präsent, auch vielen Studierenden ist er unbekannt. Diejenigen jedoch, die ihm persönlich begegneten, ihn als Lehrer an der hannoverschen Universität erlebten oder sein Werk aus anderen Quellen kennen, sprechen mit voller Sympathie über eine bescheidene, an Kunst interessierte, äußerst höfliche Person und stets mit großer Anerkennung über seine bauliche Hinterlassenschaft.

Zinssers Werk ist typisch für die Architektur einer Zeit, die sich auf das Notwendigste konzentrierte und heute so großzügig erscheint, die eine andere Sicht auf die Stadt sowie ihre Bedürfnisse hatte und sich heute dem Vorwurf einer Verliebtheit in das Objekthafte erwehren muss, die ihren Ausdruck aus den Anforderungen der Funktionalität schöpfte und in zahlreichen Fällen die Schönheit uns schenkte.
Seine Bauten sind geprägt von einer eleganten Einfachheit, einem materialgerechten konstruktiven Aufbau und einer durchgängig präzisen Ausarbeitung jedes noch erdenklichen Details. Wie bei den nach Ansprüchen der Baukunst planenden Architekten üblich, galt auch Zinssers Augenmerk sowohl dem großen als auch dem kleinen Maßstab. Er entwarf mit gleicher Intensität und Exaktheit ebenso Wohnhäuser wie auch Verwaltungsgebäude, Produktionsstätten, Veranstaltungsgebäude, Instituts- oder Sakralbauten. Dabei galt sein Interesse jedem einzelnen Bestandteil des Gebäudes: Die Fassaden sind mit der gleichen gestalterischen Zuwendung bearbeitet wie der Türdrücker, das Vordach, die Treppe oder die Inneneinrichtung eines Gebäudes. Ihm war bewusst, dass erst das positive Zusammenwirken aller dieser Elemente ein charaktervolles Werk ermöglicht, das zur Baukunst gezählt werden kann.
Das nun vorliegende Buch widmet sich dem Werk von Ernst Zinsser und dokumentiert in Form von großformatigen Modellen eine kleine Auswahl der von ihm geplanten, in Hannover realisierten Bauten. Die Modelle sind im Rahmen eines an unserem Institut durchgeführten Seminars unter der Leitung von Dr. Jens Broszeit entstanden und zeigen die Gebäude im Zustand zum Zeitpunkt ihrer Errichtung.
Wozu eigentlich großformatige Modelle bereits realisierter Bauten, deren Erstellung bekannter-

weise eine äußerst zeitraubende Angelegenheit darstellt? Als „Offenlegung von Eingeweiden der Architektur" bezeichnete Rafael Moneo in einem im Jahr 2012 am Instituto Cervantes gehaltenen Vortrag die großen Schnittmodelle seiner Bauten, die ebenfalls an unserem Institut entstanden. In der Tat: Unsere Erfahrung aus vergleichbaren Seminaren am Institut zeigt, dass nur das im großen Maßstab gebaute Architekturmodell ermöglicht, die analytische Ebene einer abstrakten Zeichnung tatsächlich zu verlassen. Nur ein großformatiges Schnittmodell eines Bauwerks ist in der Lage, die Trennung, die Verbindung und die Durchdringung sowie die Proportion einzelner Räume oder Raumgruppen über mehrere Ebenen zu verdeutlichen. Das Modell gibt Informationen weiter, die in einem fertiggestellten Gebäude nicht mehr zu erhalten sind. Es zeigt, welche Finesse im räumlichen Denken erforderlich ist, wenn es darum geht, ein komplexes Gebilde entstehen zu lassen. Es macht die Wechselbeziehung zwischen Innen und Außen sichtbar, die Plastizität einer Fassade, deren Tiefe und deren Wirkung.

Einmal mehr gilt mein besonderer Dank Dr. Jens Broszeit und den Studierenden des Seminars, die selbstständig und mit großer Motivation nicht nur die Modelle erstellt, sondern auch die notwendigen Planunterlagen, Zeichnungen und historischen Fotoaufnahmen besorgt haben. Dankenswerterweise haben uns zahlreiche Eigentümer und Nutzer der von Zinsser geplanten Gebäude, hierbei insbesondere die hannoverschen Traditionsunternehmen, sehr unterstützt. Informativ und besonders nützlich waren die Gespräche mit Hans-Jürgen Meyer-Delvendahl, dem ehemaligen Büropartner Zinssers, ebenso wie der Besuch des hannoverschen Stadtarchivs samt Einführung in die archivarische Recherchearbeit durch Holger Horstmann. Von großer Hilfe war die im Jahre 2000 von Dr. Ralph Haas fertiggestellte Dissertation, das Standardwerk über das Leben und das Werk Ernst Zinssers. Zu danken ist den beiden Autoren für ihre Beiträge in diesem Buch. Der ausgewiesene Kenner hannoverscher Stadtbaugeschichte und Architektur, Dr. Sid Auffarth, zeichnet in seinem Beitrag die Entwurfsprinzipien, gestalterische Übereinstimmungen und Unterschiede von vier für den Wiederaufbau von Hannover bedeutsamen Architekten auf: Oesterlen, Zinsser, Lindau und Graubner. Wolfgang Schneider, Präsident der Architektenkammer Niedersachsen und Vorstandsvorsitzender der Lavesstiftung, stellt die Qualitäten der Architektur der 1960er und 1970er Jahre heraus und bemängelt zugleich deren fehlende Wertschätzung. Nicht zuletzt gilt der Dank für die grafische Konzeption dieser Publikation der Buchgestalterin Kathrin Schmuck sowie dem Fotografen Julian Martitz.

Nach den bereits erfolgreich durchgeführten Seminaren mit Architekturmodellen zum Werk von Rafael Moneo, Paul Bonatz und Ernst May, die auf Ausstellungen im Instituto Cervantes und im Deutschen Architekturmuseum in Frankfurt präsentiert wurden, freut es mich sehr, dass die Modelle der Bauten von Ernst Zinsser in den Räumen der Architektenkammer Niedersachsen gezeigt werden. Für die organisatorische und inhaltliche Vorbereitung der Ausstellung gilt der Dank den beiden Wissenschaftlichen Mitarbeitern des Instituts, Arlette Feltz Süßenbach und Henrik Weber. Durch diese Ausstellung wird das beeindruckende Werk Zinssers gewürdigt und einer breiteren Öffentlichkeit zugänglich gemacht. Ein Werk, das architektonisch und städtebaulich bis heute Maßstäbe setzt und aus dem Stadtbild Hannovers nicht wegzudenken ist.

Antlitz der Zeit

Wolfgang Schneider
Präsident der Architektenkammer Niedersachsen,
Vorstandsvorsitzender der Lavesstiftung

Der Architekt und Hochschullehrer Ernst Zinsser war einer der großen Baumeister der Stunde null in Hannover. Seine Bauten prägen nach wie vor die großen Plätze und dominanten Straßenzüge der Stadt. Zinsser ist bis heute ein Meister der Beständigkeit. Mit seinen eleganten, von Klarheit und Verlässlichkeit durchdrungenen Architekturen offenbart sich noch immer jene neue Zeitschicht, die nach 1945 ohne große Gesten Zeichen setzen wollte – sei es kulturell, wirtschaftlich, politisch oder vor allem ästhetisch. Die Bauten Zinssers sind signifikant. Das zusammen mit Werner Dierschke errichtete 15-geschossige und 65 Meter hohe Conti-Hochhaus, die ehemalige Verwaltungszentrale der Continentalwerke am Königsworther Platz, war bei seiner Fertigstellung 1953 das höchste Hochhaus Deutschlands. Kein anderer schuf Gebäude mit derart einladenden, schwungvollen und repräsentativen Entrees, wie wir sie bis heute unverändert im Verwaltungsbau der Kali-Chemie in der Hans-Böckler-Allee von 1951 und beim Eingang zum Conti-Hochhaus, das heute zur Leibniz Universität Hannover zählt, erleben können. Unter den weit auskragenden, fast schwebenden Vordächern aus filigranem Beton und den einladenden, offenen Foyers werden die Erdgeschosszonen zu einer erweiterten Bühne des umgebenden Raums.

Zinsser liebte den Fluss der Bewegung, seine Architektur ist einladend und wirkt kommunikativ. Der wolkenstürmende Nimbus der ehemaligen Continental-Firmenzentrale nimmt sich dezent zurück. Stattdessen werden von Zinsser vorgelagerte Platzsituationen geschaffen, Durchfahrten und aufgelockerte Zonen, die die strenge und engmaschige Textur des gelben Klinkerbaus auf menschlicher Augenhöhe geradezu leicht und transparent erscheinen lassen. Zinsser vermittelt hier in der wichtigen städtebaulichen Situation zwischen Garten- und Stadtlandschaft, nimmt bestehende raumbildende Situationen auf und interpretiert sie weiter.

Nicht weit entfernt vom Hochhauskomplex liegt Zinssers Spätwerk, der 1967 fertiggestellte, 2008 durch pax brüning architekten bda um eine Etage aufgestockte Erweiterungsbau des Rechenzentrums an der Schloßwender- und Körnerstraße. Wohl kaum ein Bau in Hannover präsentiert im 24-Stunden-Rhythmus so eindrucksvoll und einprägend die sich wandelnden Gesichter einer Architektur. Tagsüber zeigt sich der leicht von der Straßenfront abgesetzte Bau streng funktional, im Dunkeln aber erstrahlt die Architektur des heute als Bibliothek genutzten Baus mit breiten Lichtbändern wie ein Rahmen ohne Grenzen, leicht und fließend.

Während der diskrete Charme der 1950er Jahre mittlerweile viele Bewunderer findet, hat es die Architektur der 1960er und 1970er Jahre nicht leicht – auch wenn sie eine Renaissance innerhalb der Architektenavantgarde erlebt. Trotz ihrer stadträumlichen Qualitäten, ihrer Authentizität und funktionalen Gestaltung findet sie bislang nur wenig Wertschätzung. Nicht nur in Hannover, sondern auch in anderen deutschen Städten müssen Architekturen gerade dieser Ära neuen Planungen weichen, ohne dass jemals über vorhandene Qualitäten und deren Einbindung in das Neue nachgedacht wurde.

Ich meine, dass sich das ändern sollte und wir uns stärker über urbane und planerische Prozesse und für die Verbesserung von Lebens- und Stadtqualität engagieren sollten. Dazu zählt auch die Wieder- und Umnutzung vorhandener Bauten. Genau zu diesem Thema haben wir gemeinsam mit Architekten aus ganz Niedersachsen in der Lavesstiftung eine Initiative gegründet und 2007 eine „Vorschlagsliste schützenswerter Bauten der 60er und 70er Jahre in

Niedersachsen" zusammengestellt. In einem weiteren Schritt haben wir aus dieser Liste eine Auswahl an Projekten getroffen und mit diesen Bauten die Wanderausstellung *Wiedersehen. Architektur in Niedersachsen zwischen Nierentisch und Postmoderne* auf den Weg gebracht. Sie wurde 2009 über ein Jahr lang von verschiedenen Städten in Niedersachsen präsentiert und hat an jedem Standort Diskussionen über architektonische und städtebauliche Qualitäten und zu Fragen des Erhalts entfacht. Daran arbeiten wir in der Lavesstiftung auch zukünftig weiter. 2017 wird unter dem Titel *WIEDERSEHEN. Revisited* eine Publikation mit zahlreichen journalistischen Beiträgen und langen Bildstrecken erscheinen, um so die öffentliche Diskussion um den kulturellen Wert der baulichen Hinterlassenschaften dieser Zeit weiter zu vertiefen. Geplant ist mit Veröffentlichung des Buchs auch eine Reihe von Begleitveranstaltungen und ich würde mich freuen, wenn diese Aktivitäten der Lavesstiftung auch zukünftig Ihr Interesse und Ihre Unterstützung finden.

Ich freue mich, dass wir mit dieser Ausstellung im Laveshaus der Architektenkammer Niedersachsen, *Der Architekt Ernst Zinsser – Modelle seiner Bauten in Hannover*, vom Institut für Entwerfen und Gebäudelehre, Fakultät für Architektur und Landschaft der Leibniz Universität Hannover zusammen mit Professor Zvonko Turkali den Vorhang öffnen, um den Blick auf die architektonischen Zeugnisse dieser Zeit zu schärfen. Gerade mit der Präsentation von Architekturmodellen lassen sich die räumlichen Qualitäten von Architektur, aber auch von Stadtgestalt begreifbar und erlebbar machen.

Herzlichen Dank für diese Initiative an Professor Zvonko Turkali, seine Mitarbeiter und die vielen Studierenden vom Institut für Entwerfen und Gebäudelehre der Leibniz Universität Hannover.

Oesterlen, Zinsser, Lindau und Graubner. Vier Architekten beim Neuaufbau in Hannover

Sid Auffarth
Bauhistoriker

Wenn Christoph Hackelsberger zur Architektur der Geschäfts- und Verwaltungsbauten aus den 1950er Jahren abfällig anmerkt: „Die gesamte Rasterarchitektur gehört mit aufs Ganze gesehen seltenen Ausnahmen [...] zu den elendsten Machwerken der Architektur aller Zeiten",[1] wäre das anhand ausgewählter Bauten hannoverscher Architekten zu überprüfen, um dadurch Qualität, Eigenart oder auch Fehlleistungen herauszustellen. Der hannoversche Stadtbaurat Rudolf Hillebrecht wies 1951 auf die gegebene Offenheit bei der Suche nach gültigen Formen hin: „Der Städtebauer kann heute nicht viel mehr als die Grundidee schaffen und durchsetzen. Ihre Gestaltung ist weitgehend Sache der Bauherren und ihrer Architekten. Dass diese nicht vom Zufall bestimmt werden, ist ebenfalls noch Sache des Städtebauers, der das Orchester zusammenzustellen hat. Die Architekten Bonatz, Dierschke, Fiederling, Graubner, Hodler, Oesterlen, Prendel und Zinsser mögen und sollen ihre eigene Art zu gestalten haben. Sie wissen ihre Instrumente zu spielen. Das ist die Hauptsache. Oder anders gesagt: Sie sprechen alle eine Sprache, aber schreiben wird jeder in seiner Handschrift."[2] Im Folgenden werde ich nur auf die freischaffenden Architekten eingehen – abgesehen von Bonatz, der am Neuaufbau von Hannover nicht mehr beteiligt war; dafür nehme ich Lindau hinzu, der erstmals 1951 mit seinen Messebauten wahrgenommen wurde.
Da die Aussagen der Architekten über ihre Entwurfsprinzipien erstaunlich ähnlich sind, wenn sie von Leichtigkeit, klaren Grundformen, grazilen Fensterprofilen, bündig sitzenden Fenstern, Kontrast bei der Materialwahl und in der Fassadengliederung und fließendem Raum sprechen, werde ich nach einer Darstellung der architektonischen Grundsätze jeweils ein charakteristisches Gebäude näher behandeln: von Oesterlen das Historische Museum Hannover, von Zinsser der ehemalige Verwaltungsbau der Continental AG (heute: Leibniz Universität), von Lindau das Gewerkschaftshaus am Klagesmarkt und schließlich von Graubner die ehemalige Preussag-Verwaltung am Leibnizufer (heute: Ministerium für Wissenschaft und Kunst).
Beginnen wir mit **Dieter Oesterlen** (1911–1994), der mit dem Wiederaufbau der Marktkirche (1946–1959), dem Ausbau des ehemaligen Leineschlosses zum Niedersächsischen Landtag (1962) und den Neubauten wie Historisches Museum (1966),[Abb. 1] Wilhelm-Busch-Schule (1958), Hannoversche Lebensversicherung am Aegidientorplatz (1956) und Martinskirche in Linden (1957) eine – wie er es nannte – „Versinnbildlichung" anstrebte, die dem Bauentwurf Überzeugungskraft und Ausstrahlung verleihe.[3] Er unterschied dabei „Inhalt = Form", die einander entsprechen sollten, „Atmosphäre" je nach Bauaufgabe, „Homogenität" im Zusammenwirken aller Teile und „dynamischer Raum".[4] Dabei gelangen ihm Bauten von „spröder Zartheit", die Kraft und zugleich Solidität ausstrahlen.[5]
Vor allem beim Wiederaufbau von Baudenkmalen war es ihm wichtig, das Alte mit dem Neuen

Abb. 1

zu verbinden, wo „sich weder das Alte vor dem Neuen, noch das Neue vor dem Alten verleugnet.“[6] Sie stünden dann in einem „gebundenen Kontrast“.
Der polygonale Grundriss des Historischen Museums demonstriert überzeugend die stadträumliche Einbindung in die altstädtische Straßenstruktur. Dabei integriert Oesterlen das alte Zeughaus, dessen Fensterordnung er behutsam strafft, und stellt gegen den 23 Meter hohen Beginenturm die horizontale Geschossgliederung des Neubaus, die durch umlaufende Betonbänder ablesbar wird. Breite Fensteröffnungen stellen Sichtbeziehungen her zum historischen Gegenüber der Fachwerkfassaden und zum ehemaligen Leineschloss. Die Zickzackstaffelung der Burgstraßenfassade nimmt die kleinteiligeren Hausbreiten auf. Der Wechsel von geschlossenen Wänden und breiten Fensteröffnungen zum Innenhof verstärkt das Ineinandergehen von Innen- und Außenraum, während der für jede Abteilung unterschiedliche Bodenbelag wieder Halt gibt. Spengelin erkannte in dem, was Oesterlen gemacht hatte, gleichermaßen „Intuition und kritischen Verstand“ – eine Geisteshaltung, die Le Corbusier als „Phantasie und kühle Vernunft“ pries.[7]

Ernst Zinsser (1904–1985) schuf mit Bauten wie der Stadtsparkasse Hannover am Steintor (1951), dem Verwaltungs- und Laborbau der Kali-Chemie (1951), dem Verwaltungsgebäude der Continental-Verwaltung am Königsworther Platz (1951),[Abb. 2] der Geschäftsbücherfabrik Edler + Krische in der Kestnerstraße (1953) und dem Büro- und Geschäftshaus Stichweh an der Georgstraße (1954) markante Orte. Dazu erklärte er: „In der Architektur vereinigen sich Kunst und Technik“; und er erläuterte dies anschließend: „Ein rein nach funktionellen und technischen Gesichtspunkten ausgeführtes Bauwerk ist noch lange kein Kunstwerk. Über das Technisch-Funktionelle hinaus vermag der Architekt eindrucksvolle Raumerlebnisse zu schaffen. Er versucht auch, das geschaffene Raumgefüge seiner Bestimmung gemäß in eine wohlproportionierte Baugruppe seiner Umgebung einzufügen. Die Technik ist ihm dabei Dienerin seiner räumlichen Vorstellungen. Die Erfüllung der Funktionen sollte dabei mit der Formgebung zusammengehen.“[8] Damit benannte er drei ihm wichtige Gestaltungsgrundlagen: Raumerleben, wohlproportionierte Baugruppierung und Einbindung ins Umfeld. Konstruktion, Technik und Funktion hätten dem zu dienen, wiewohl Art und Maß der Funktionen Ausgangspunkt des Entwurfs seien. Dem modischen „Geplapper“ in der Architektur stellte er die Sensation des Selbstverständlichen, Unaufgeregten gegenüber. Dabei zeigte sich seine Architektur relativ konstant, unveränderlich, ja widerborstig gegen neuere Trends. Ehemalige Mitarbeiter und Freunde stellten in Interviews mit dem Verfasser vor allem heraus, dass er die Baumassen kubisch gestaltete und die Fenster bündig in die Außenwand setzte, um das Kubische noch zu

Abb. 2

verstärken. Feine, schmale Fensterprofile seien typisch für ihn und weisen auf skandinavische Vorbilder hin. Wichtig war ihm die Eingangssituation: „wie man reinkommt." Großzügig sollte sie sein, darüber hinaus war ihm wichtig, „wie eine Treppe antritt." Sie musste aus einer fließenden Bewegung heraus organisch entwickelt sein. Besonders anschaulich wird dies bei der geschwungenen Treppe zu den Direktionsräumen der Continental-Verwaltung am Königsworther Platz. Sie verleiht dem Foyer mit seinen ovalen Lichtschalen, der wolkenähnlichen Deckenplatte und den unterschiedlichen Materialien eine feine, repräsentative Empfangsatmosphäre. Das 15-geschossige, leicht abgewinkelte Hochhaus und das fünfgeschossige platzbegrenzende Direktionsgebäude werden durch den Aufzugs- und Treppenturm und einen Verbindungstrakt zusammengebunden, was typisch für Zinssers Bemühen um eine kubische Komposition ist. Die für seine Bauten eher untypische aufwendige Fassadengliederung geht wohl auf den zweiten Architekten Werner Dierschke zurück. Beiden Bürobauten wurde ein konstruktives Achsmaß von 5,2 Metern zugrunde gelegt, das außen klar ablesbar ist. Die primäre Ordnung des Konstruktionsrasters ist durch graue Muschelkalkbänder angedeutet, die geschlossenen Gefache sind dagegen mit gelben Stabklinkern verkleidet. Die sekundäre Ordnung wird gebildet durch eine vertikale Unterteilung der Öffnungen mittels Stützen, die in ein Rahmenwerk integriert scheinen, das wie eingeschoben wirkt und doch eine größtmögliche Variabilität der Raumbreiten erlaubt. Die Fenstereinfassungen bestehen aus einem sehr dichten, weiß patinierenden Elfenbeinmarmor, der sich deutlich von den tief liegenden, schattenbildenden Fenstern abhebt, die mit ihren Brüstungen aus dunkelbrauner Keramik eine Einheit bilden. Dadurch entsteht insgesamt eine differenzierte und spannungsvolle Fassade. Der Rhythmus von schmalen und breiten Öffnungen belebt die gesamte Fassade und nimmt ihr den Schematismus der berüchtigten, schmalbrüstigen Rasteritis, die so viele Verwaltungsbauten überzog.[9]

Kommen wir zu **Friedrich Lindau** (1915–2007), dem jüngsten der vier Architekten. Bekannt wurde er 1951 durch den großzügig ausschwingenden Nordeingang und das transparente Postamt auf dem Messegelände. Es folgten das Gewerkschaftshaus am Klagesmarkt (1953),[Abb. 3] die Plano-Häuser mit Ladenzeile an der Kurze-Kamp-Straße in Bothfeld (1955), die Hauptverwaltung der IG Chemie am Königsworther Platz (1956) und die Südstadtschule Schlägerstraße (1960). Das Glanzstück seines Schaffens aber bildet das zehngeschossige Gewerkschaftshaus, das durch ein flaches Nebengebäude eingebunden wird, welches später leider um die fünf Fensterachsen des Heims für Berufsbildung verkürzt wurde. Auffallend sind die roten, winkelförmigen Eckfassungen des Hochhauses, deren rote Fugen dem Bau Stabilität und eine homogene Wirkung verleihen: „Die warme rote Farbe betont die tragende Funktion der Stahlbetonscheiben."[10] Wiederum zeigt sich an diesem Beispiel die Bedeutsamkeit einer städtebaulichen Einbindung, indem der Architekt über den Klagesmarkt hinweg der Christuskirche, dem „Ordnungsfaktor der Bürger", das Gewerkschaftshaus als „Ordnungsfaktor der Arbeiter" gegenüberstellte.[11] Dazu kommt die gestalterische Spannung von geschlossenen und offenen Wandflächen und die Leichtigkeit der auf Pfeilern lastenden Baukörper. Er selbst beschrieb später die Merkmale der 1950er-Jahre-Architektur mit „Bescheidenheit in der Erscheinungsform

Abb. 3

und Materialwahl" – was eher entschiedene Klarheit heißen sollte –, Asymmetrie der Fassadenordnung, „unstatische" Wirkung der Baukörper, zarte Gliederung der Einzelteile und Kontrastbildung durch geschlossene bzw. offene Wände, hohe bzw. niedrige Formelemente sowie durch große und kleine Fenstergrößen.[12]

Bleibt als Letzter in der Reihe der Bonatzschüler **Gerhard Graubner** (1899–1970). Nach seinen Plänen entstanden 1951 im Rahmen der Bundesgartenschau im Stadtpark die luftig-leichten Bauten von Rosencafé und Milchbar, das Preussag-Verwaltungsgebäude am Leibnizufer (1952),[Abb. 4] das aufgeständerte Audimax-Gebäude am Hauptgebäude der Leibniz Universität (1958), das Fabrikgebäude Feinkost-Appel am Engelbosteler Damm (1959) und das Hochhaus an der Appelstraße als Mehrzweckgebäude der Leibniz Universität (1972). Sein wohl bekanntestes und umstrittenstes Werk ist die acht- bzw. viergeschossige ehemalige Preussag-Verwaltung von 1952 – heute Sitz des Ministeriums für Wissenschaft und Kunst. 1956 lobte der Baumeister die „Wohlausgewogenheit der Massen durch ein stark schattendes Relief, durch die Verdoppelung der Rasterstützen an den Ecken und den Schmalseiten des Hochhauses, durch Einfügungen eines Halb- bzw. Speichergeschosses unter dem kräftig schattenden Dachüberstand und dergleichen mehr." Weiter heißt es, dieses Haus könne man nicht auf den Kopf stellen, weil es eben ein Gebäude, weil es „Architektur" sei und keine Beton-Glas-Kiste.[13] Damit erlaubte sich der Verfasser einen Seitenhieb gegen die Moderne, die in der traditionsorientierten Zeitschrift *Baumeister* wenig gewürdigt wurde. Dagegen stellte die AG der Architektenkammer Niedersachsen zur Denkmalwürdigkeit des Gebäudes fest: „Ein achtgeschossiger Kopfbau, der das benachbarte Ensemble Clemenskirche/Verwaltungsgebäude der KKH empfindlich stört. Der nach Süden an den Kopfbau angebaute Trakt ist in der Höhendimensionierung diesem gegenüber unausgesprochen (50:50) [...] Die Außenfassaden werden durch ein sehr schmales und gleichförmiges Sichtbetonraster gegliedert („Rasteritis"). Insoweit liegt für die Erhaltung des Gebäudes kein öffentliches Interesse vor."[14] Die baukörperliche Anordnung entsprach nur halbwegs der geltenden Forderung nach spannungsvoller Gliederung, da der Längstrakt zu niedrig und der

Abb. 4

abschließende Risalit in der Höhe nicht entschieden genug abgesetzt war. Rudolf Hillebrecht kritisierte zudem den Ausbau des Untergeschosses zu einem vollwertigen Bürogeschoss, was einer noblen Selbstdarstellung entgegenstehe.[15] Die Verdoppelung der Fensterpfeiler an Ecken und Schmalseiten, das überhöhte oberste Geschoss und die wenig großzügige Vorfahrt sind eher Formelemente einer traditionalistischen Architektur, wie sie auch das Hochhaus des Gerling-Konzerns in Köln (1953) aufweist. Und dessen Architektur, stellte Hiltrud Kier, Stadthistorikerin und Kölner Stadtkonservatorin, fest, gehöre zu den Banken und Versicherungen, die in vielfältiger Weise nach dem Zweiten Weltkrieg eine stilistische Kontinuität mit den klassizistischen Werksteinbauten des „Dritten Reichs" herstelle.[16] Bemerkenswert sei, so die kritische Arbeitsgruppe, das „Treppenhaus, in dem sich ein großzügig gewendelter, aber sehr grazil ausgebildeter Stahlbetontreppenlauf mit einem ebenso grazil wirkenden Treppengeländer acht Geschosse hindurch in die Höhe schwingt."[17] Handelt es sich nun bei den Bauten in Hannover um „elende Machwerke", wie Christoph Hackelsberger uns einreden möchte? Oder zeigen sie eine unverwechselbare, typische Handschrift, wie Hillebrecht meinte? Und wo liegt das Verbindende, was sind die Unterschiede? Wenn Rudolf Hillebrecht 1951 die je eigene Handschrift der hannoverschen Architekten herausstellte, die aber dennoch alle eine Sprache sprechen, so ist das im Rückblick nur bedingt gültig. Die Sprache, das meint die Architektur der 1950er Jahre, in der sich eine moderate Linie zwischen NS-Klassizismus und der Sachlichkeit des Bauhauses herausbildete, wurde definiert durch die Stellung der Baukörper zueinander und deren Durcharbeitung bis ins Detail. Sie spiegelt Bauauffassungen wider, die bei aller Bandbreite ein großes Maß an Übereinstimmung aufweisen. Als Entwurfsprinzipien wurden von den vier Architekten meistens genannt: spannungsvolle Gliederung von kubischen Baukörpern, Kontraste in der Gestaltung, asymmetrische Ordnung, zarte Fensterprofile, Leichtigkeit der Vor- und Einbauten und fließende Räume. Für zumindest drei der vier hier vorgestellten Bauten gilt das Hackelsberger'sche Diktum nicht. Und alle vier beschriebenen Gebäude sind als Baudenkmale ausgewiesen worden. Sie ragen damit aus dem Großteil der aus Not, Material- und Zeitknappheit errichteten belanglosen Bauten heraus.

Anmerkungen

1 Hackelsberger, Christoph: *Die aufgeschobene Moderne*. München/Berlin 1985, S. 64
2 Hillebrecht, Rudolf: „Hannover" in: *Baumeister*, Jg. 48/1951, H. 7, S. 437
3 Oesterlen, Dieter: „Entwerfen, eine persönliche Erfahrung" in: ders.: *Bauten und Texte 1946–1991*. Tübingen/Berlin 1992, S. 246
4 Oesterlen, Dieter: „Warum gibt es keine gültige Architektur-Kritik?" in: ders.: *Bauten und Texte 1946–1991*. Tübingen/Berlin 1992, S. 240–243
5 Spengelin, Friedrich: „Laudatio bei der Verleihung des Fritz-Schumacher-Preises am 7.12.1979" in: Oesterlen, Dieter: *Bauten und Texte 1946–1991*. Tübingen/Berlin 1992, S. 244
6 „Dieter Oesterlen zum Bau des Niedersächsischen Landtages" in: Koch, Alexander/Oesterlen, Dieter: *Bauten und Planungen 1946–1963* (Bauten und Planungen, Band 2). Stuttgart 1964, S. 152
7 Le Corbusier: *Ausblick auf eine Architektur* (1922) (BauweltFundamente 2). Gütersloh/Berlin 1969, S. 89
8 „Harmonie von Kunst und Technik – heute wird der Architekt Prof. Ernst Zinsser 65 Jahre" in: *Hannoversche Allgemeine Zeitung* vom 26. Juni 1969
9 Auffarth, Sid: „Wie eine Schönheit in Vergessenheit geriet. Das Continental-Hochhaus und der Zeitgeist" in: *Uni Magazin Hannover*, Jg. 22/1995, H. 1, S. 7ff.
10 Lindau, Friedrich: *Planen und Bauen der Fünfziger Jahre in Hannover*. Hannover 1998, S. 79
11 Ebd., S. 75
12 Arbeitsgruppe in der Architektenkammer Niedersachsen: *Bauten der 50er Jahre. Erscheinungskriterien*. Hannover 1988
13 „Verwaltungsgebäude der Preussag in Hannover" in: *Baumeister*, Jg. 51/1954, H. 2, S. 65
14 Arbeitsgruppe in der Architektenkammer Niedersachsen: *Baudenkmale der 50er Jahre. Vorschlagliste*. Hannover 1988, Objekt 21
15 Rudolf Hillebrecht im Gespräch mit dem Verfasser am 23. Januar 1986
16 Kier, Hiltrud: *Architektur der 50er Jahre. Bauten des Gerling-Konzerns in Köln*. Frankfurt a.M./Leipzig 1994, S. 95
17 wie Anm. 14

Die Modelle

1

2

3

4

5

6

7

8

9

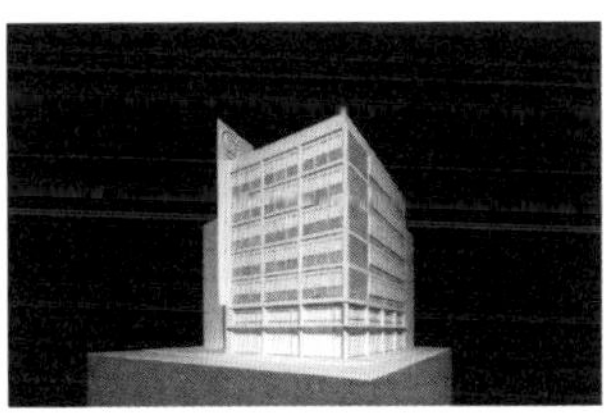
10

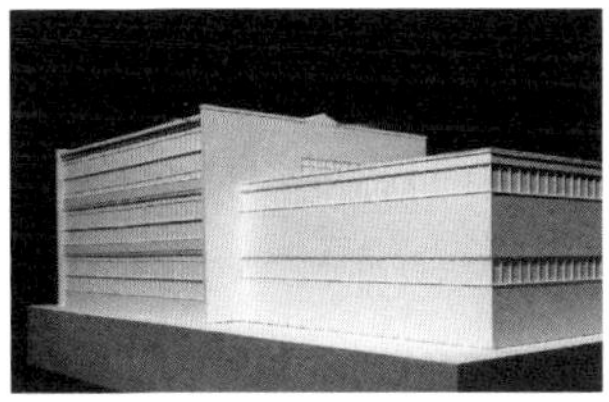
11

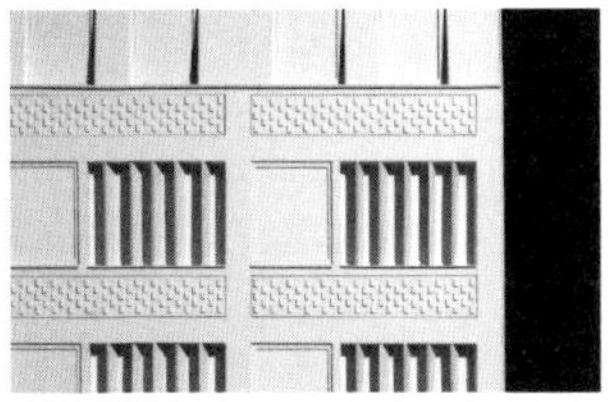
12

13

14

15

16

17

18

19

20

Verwaltungsgebäude der Vereinigten Leichtmetallwerke Hannover 1938/39

Göttinger Chaussee 14

Im Jahr 1935 erhält Ernst Zinsser durch eine persönliche Bekanntschaft mit Carl Schwichtenberg, einem Ingenieur der Vereinigten Leichtmetallwerke (VLW) in Bonn, den Auftrag für den Bau eines neuen Industriewerks in Hannover.
In den folgenden Jahren zeichnet Zinsser verantwortlich für die Entwürfe sämtlicher Bauten der VLW in Hannover. Das Verwaltungsgebäude an der Göttinger Chaussee wird in den Jahren 1938/39 errichtet.
Der zweigeschossige Hauptbaukörper des Verwaltungsbaus erstreckt sich parallel zur Göttinger Chaussee. Ein zweigeschossiger Verbindungstrakt mit großer Eingangshalle führt zu einem hinteren, dreigeschossigen Gebäudeflügel, der wiederum parallel zum Hauptbaukörper ausgerichtet ist und im Norden durch einen angefügten Treppenturm ergänzt wird. Besonderes Augenmerk fällt auf den zweigeschossigen Portikus, der mit seinen sechs vorderen und zwei hinteren Pfeilern den repräsentativen Haupteingang des Gebäudes markiert. Nach dem Hineintreten gelangt man zunächst in einen kleinen Vorraum, bevor man das große, zweigeschossige Vestibül betritt. Diese Empfangshalle verläuft in Verlängerung des Portikus und verfügt über eine seitliche Pfeilerreihe. Zinssers Entwurf für das Verwaltungsgebäude der VWL trägt zwar deutliche Züge eines neoklassizistischen Einflusses, vermeidet aber jeglichen pathetischen Schmuck oder exaltierte Überhöhung. Durch das geschickte Spiel von Symmetrie und Asymmetrie und die angemessene Maßstäblichkeit gelingt ihm mit diesem frühen Werk ein Beispiel moderner Industriearchitektur.

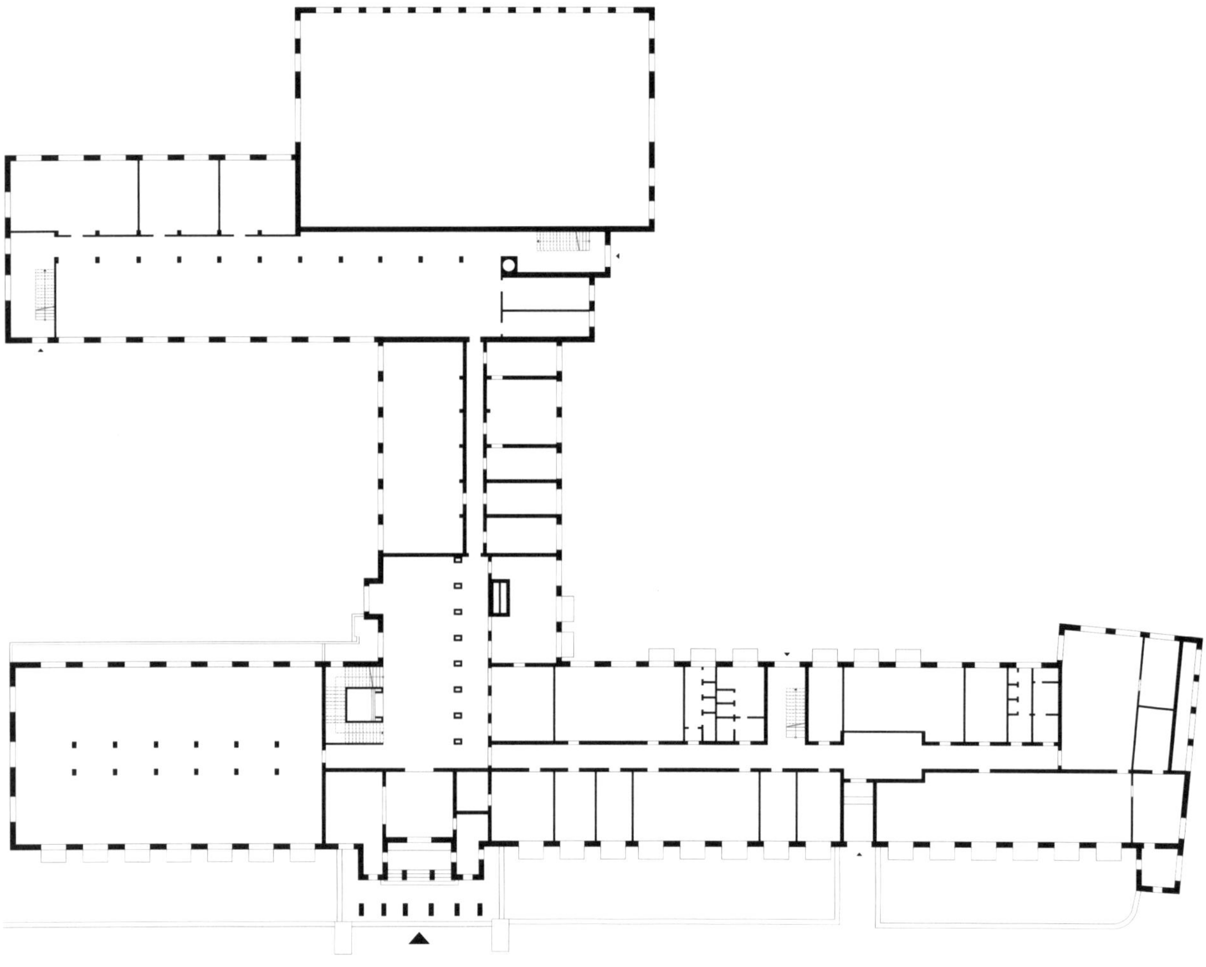

der Gartenhof

Durch die Anordnung der verschiedenen Gebäudeflügel schuf Zinsser einen kleinen Gartenhof, der der Erholung der Belegschaft in Arbeitspausen dienen sollte.

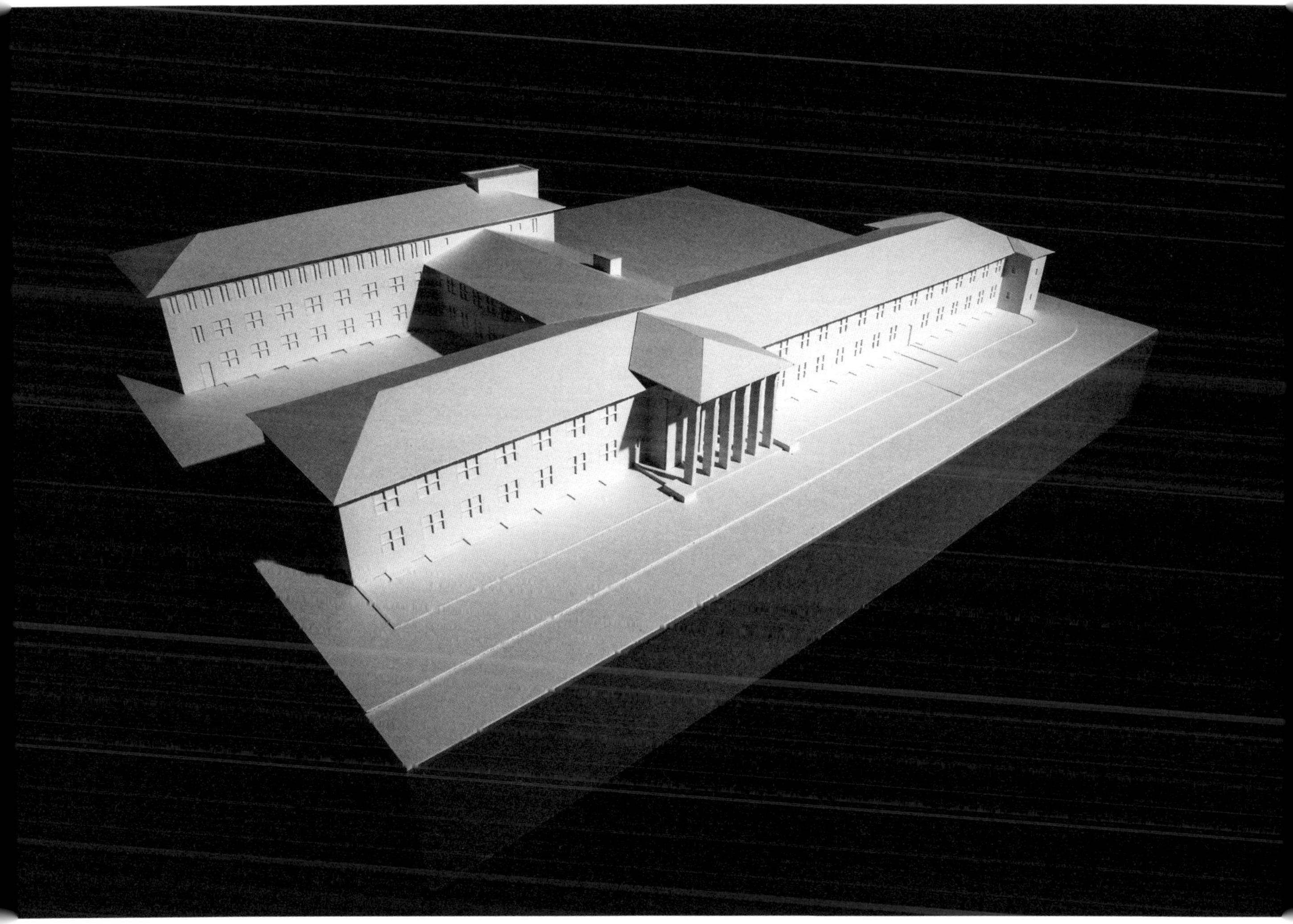

Verwaltungsgebäude und Zentrallabor der Kali-Chemie 1950/51

Hans-Böckler-Allee 20

Die Kali-Chemie AG war ein 1899 gegründetes großes deutsches Chemie-, Pharma- und Montanunternehmen mit Hauptsitz in Berlin. Nach 1945 zog das Unternehmen nach Hannover und beauftragte Ernst Zinsser 1950 mit dem Entwurf des neuen Hauptstandortes im Stadtteil Bult. Die Liegenschaft der ehemaligen Kali-Chemie AG, 1954 übernommen durch die belgische Solvay GmbH, befindet sich im östlichen Bereich der Hans-Böckler-Allee, kurz vor der Verkehrskreuzung Am Pferdeturm. Der gesamte Gebäudekomplex wird geprägt durch das achtgeschossige Verwaltungsgebäude, zu dem der viergeschossige Labortrakt im Osten ein Gegengewicht bildet. Sowohl Verwaltungs- als auch Laborgebäude wurden in Stahlskelettbauweise konstruiert und mit braunrotem Heisterholzer Klinker verkleidet. Zinsser versah die bündig in die Ziegelfassade eingebauten weißen Stahlfenster mit sehr feinen, asymmetrischen Unterteilungen.

die Komposition

Verbunden sind das Verwaltungsgebäude und der Labortrakt durch einen zweigeschossigen Direktionsbereich, in dessen Erdgeschoss sich der Haupteingang mit dem Foyer befindet.

die Schwinge

Markantestes Element der gesamten Anlage ist die weit auskragende und extrem fein ausgeführte Betonscheibe über dem Haupteingang, die sogenannte Schwinge. Sie verleiht zusammen mit der großzügigen Vorfahrt der äußeren Haupterschließung einen sehr dynamischen und eleganten Charakter.

Messehotel Luisenhof
1952

Luisenstraße 1

Das traditionsreiche Kastens Hotel Luisenhof, bis heute Hannovers einziges Fünfsternehotel, wurde 1856 von Heinrich Kasten in Hannovers Theaterstraße eröffnet. 1914 folgte ein zweites Gebäude in der Luisenstraße. Nach den schweren Zerstörungen dieses Gebäudes im Zweiten Weltkrieg erhielt Zinsser den Auftrag zum Wiederaufbau des noch nutzbaren Westteils. Bedingt durch die erste Exportmesse in Hannover 1947 war die Gästezahl in der Stadt erheblich gestiegen. Für die städtebaulich wichtige Ecke an der Rathenaustraße sollte Zinsser im Jahr 1952 einen Erweiterungsbau, das Messehotel, entwerfen.
Zinsser sah im Erdgeschoss eine kreisförmige Schalterhalle vor, in der verschiedene Fluggesellschaften ihre Kunden bedienen sollten. Den Eingang auf der Ecke markiert eine leicht gekrümmte Schwinge, die an einen Flugzeugflügel erinnert. Allerdings kam es in der Bauphase zu einem Streit der Nutzer, sodass schlussendlich die Idee der gemeinsamen Halle verworfen wurde. Der hotelgewerbliche Teil des Gebäudes wird seitdem über den Haupteingang des Hotels Luisenhof erschlossen.
Im Erdgeschoss des Messehotels platzierte Zinsser stattdessen Räume für Ladennutzungen. Über diesem folgt ein Mezzaningeschoss mit Büros; darüber scheint der fünfgeschossige Hotelzimmerbereich zu schweben. Insgesamt zeichnet sich die Gestalt des Gebäudes durch die hohe Plastizität der Fassaden und das differenzierte Wechselspiel zwischen offenen und geschlossenen Flächen aus. Mit dem Messehotel gelang es Zinsser, ein Gebäude zu schaffen, das architektonisch deutliche Bezüge zum Neuen Bauen zeigt und sich dennoch als städtisches Haus harmonisch in den Stadtraum einfügt.

KASTENS HOTEL
LUISENHOF
REISELAND
FEYDOM
FEYDOM
ecco

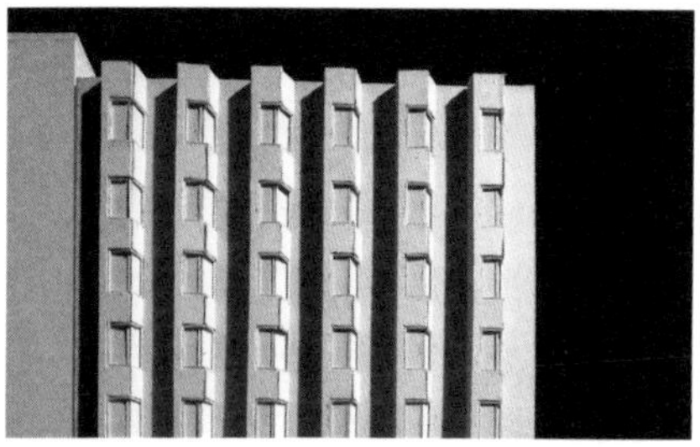

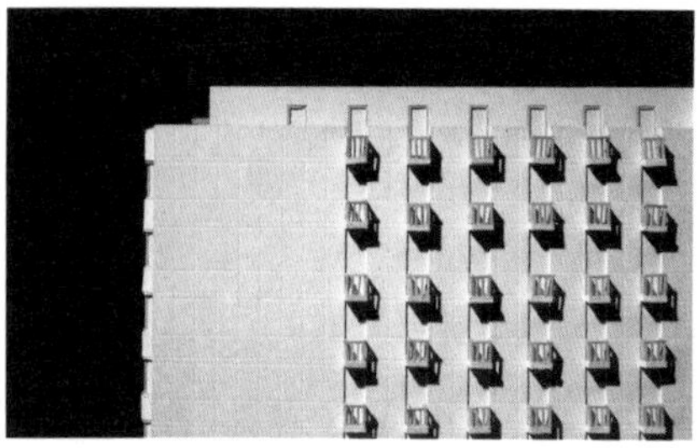

die Plastizität der Fassaden

Während die Fassade zur Luisenstraße durch schmale, fassadenhohe Erker gegliedert wird, brachte Zinsser an der Seite zur Rathenaustraße ein Feld von kleinen Balkonen mit filigranen Stabgeländern an. Beide Elemente verleihen den Fassaden des Hotels eine hohe Plastizität.

KASTENS HOTEL
LUISENHOF
LEXUS
POP UP STORE HANNOVER
ecco

die Ausrichtung der Hotelzimmer In der frühen Zeichnung (unten) sah Zinsser noch Loggien an der Fassade zur Rathenaustraße vor, die allerdings die Raumgrößen der Zimmer verringert hätten. Auch die Schwinge, das kleine Vordach über dem Eingang, gab es in dieser Entwurfsphase noch nicht.

Verwaltungsgebäude der Continental-Gummiwerke AG 1952/53

Königsworther Platz 1

Unter dem Firmennamen Continental-Caoutchouc-und Gutta-Percha Compagnie wurde 1871 das heute als Continental AG bekannte Unternehmen zur Gummiverarbeitung gegründet. Ab 1873 lief unter Siegmund Seligmann die Produktion von Weichgummierzeugnissen sowie später Fahrrad- und Autoreifen im Werk an der Vahrenwalder Straße an. Nach den schweren Zerstörungen des Werksgeländes im Krieg erholte sich das Unternehmen rasch; insbesondere durch die Bedeutung Hannovers als neue Messestadt. Mit dem wirtschaftlichen Aufschwung kam die Unternehmensleitung zu dem Entschluss, eine neue Hauptverwaltung am Königsworther Platz zu errichten. Neben dem Wunsch, die Verwaltung des größten hannoverschen Wirtschaftsunternehmens in Innenstadtnähe zu platzieren, stand die Absicht im Vordergrund, ein technisch und konstruktiv fortschrittliches Gebäude zu schaffen, das den innovativen Geist des Unternehmens versinnbildlicht.
Ernst Zinsser und sein Kollege Werner Dierschke gingen als Sieger aus dem Wettbewerb hervor. Sie entwarfen ein 15-geschossiges Hochhaus hinter einem fünfgeschossigen Gebäude für die Direktion. Die Verbindung zwischen beiden bildet ein viergeschossiger Gebäudeflügel, der gleich einer Brücke die Durchfahrt in den Innenhof definiert. Die beiden Hauptgebäudekörper stehen nicht exakt parallel zueinander, da sich das Hochhaus um wenige Grad Richtung Stadt wendet. Beinahe unmerklich verliert das Ensemble dadurch seine Starrheit und erscheint in einer subtilen, unterschwelligen Dynamik. Seit 1995 gehört der gesamte Gebäudekomplex zur Leibniz Universität Hannover und bildet den sogenannten Conti-Campus.

Universität
Universität

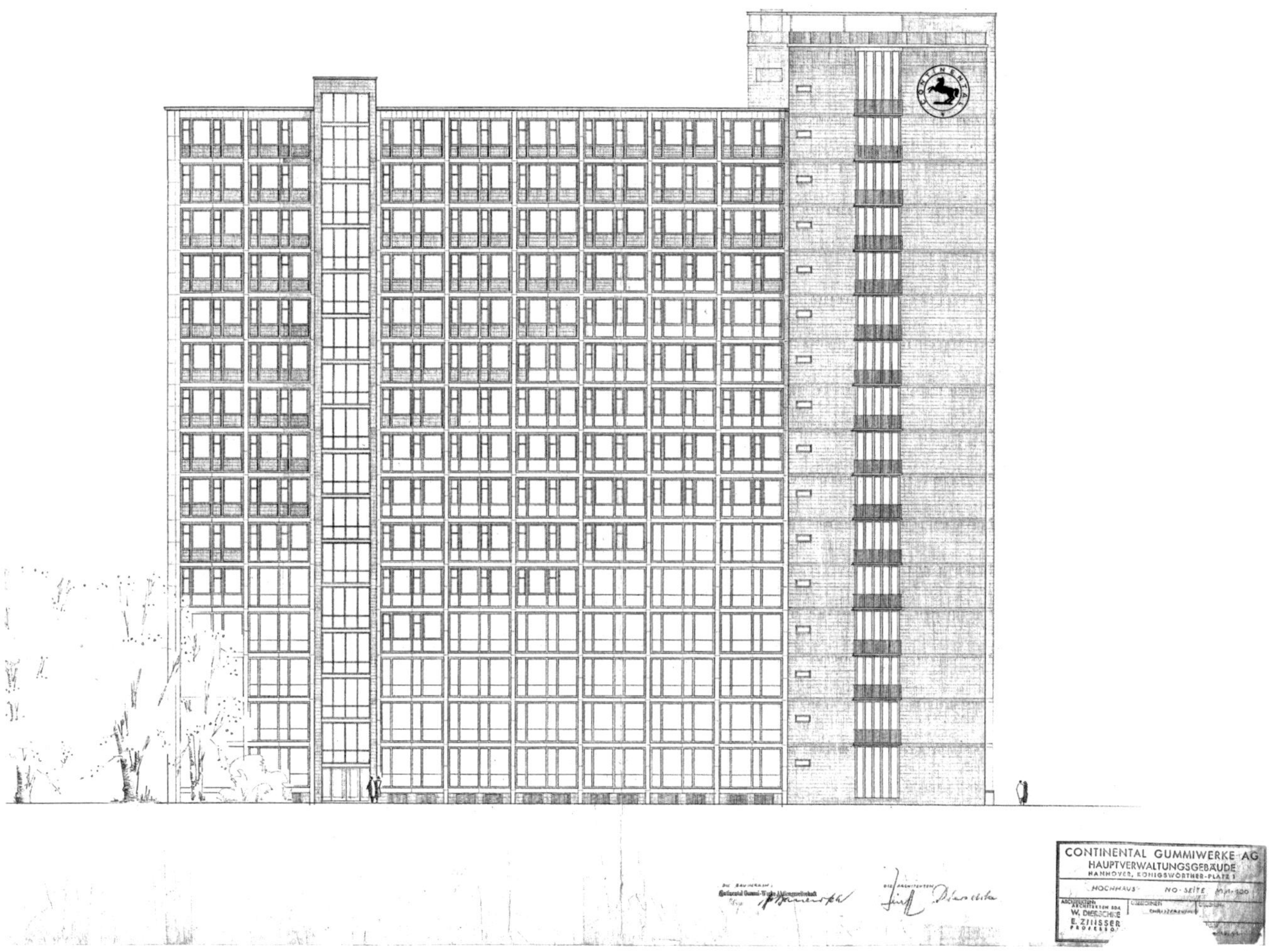
CONTINENTAL
CONTINENTAL GUMMIWERKE AG
HAUPTVERWALTUNGSGEBÄUDE
HANNOVER, KÖNIGSWORTHER-PLATZ 1
HOCHHAUS
NO-SEITE
W. DIERSCHKE
E. ZINSSER

die stadträumliche Wirkung

Vom Königsworther Platz aus betrachtet, bildet der lang gestreckte, fünfgeschossige Baukörper die Raumkante, während das Hochhaus, das mit einer Höhe von 59,60 Metern zum Zeitpunkt der Fertigstellung das höchste Gebäude Deutschlands war, etwas im Hintergrund positioniert ist.

das Flachrelief

Beide Gebäude der Continental AG am Königsworther Platz besitzen eine gerasterte Fassade mit im Vordergrund liegender Konstruktionsebene und leicht zurücktretender Fensterebene. In ihrer Gesamtheit wirkt die Fassade wie ein Flachrelief.

das Fenster im Detail

Die Fensterumrahmungen, also Sturz, Gewände und Fensterbank, sind aus Donaukalkstein und wurden um etwa zwei Zentimeter vor die Fassadenfläche gesetzt. Das tiefer innen liegende Brüstungsfeld wurde mit dunkelbraunem Formklinker verkleidet. Bei den Fenstern handelt es sich um Stahlverbundfenster in Form schmaler Drehflügel- und breiterer Wendeflügelfenster.

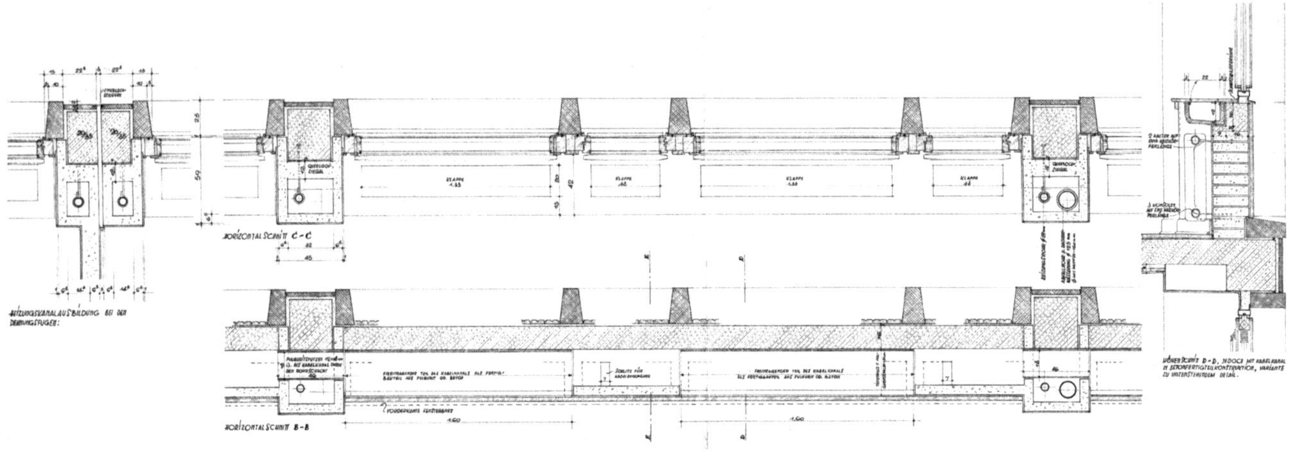

der Haupteingang

Den Haupteingang markiert die organisch geformte, sehr filigrane Überdachung des Haupteingangs, ähnlich der Schwinge im kurz zuvor realisierten Verwaltungsgebäude der Kali-Chemie GmbH. Ein gläserner Vorbau mit filigranen Profilen bildet den Windfang.

CONTINENTAL

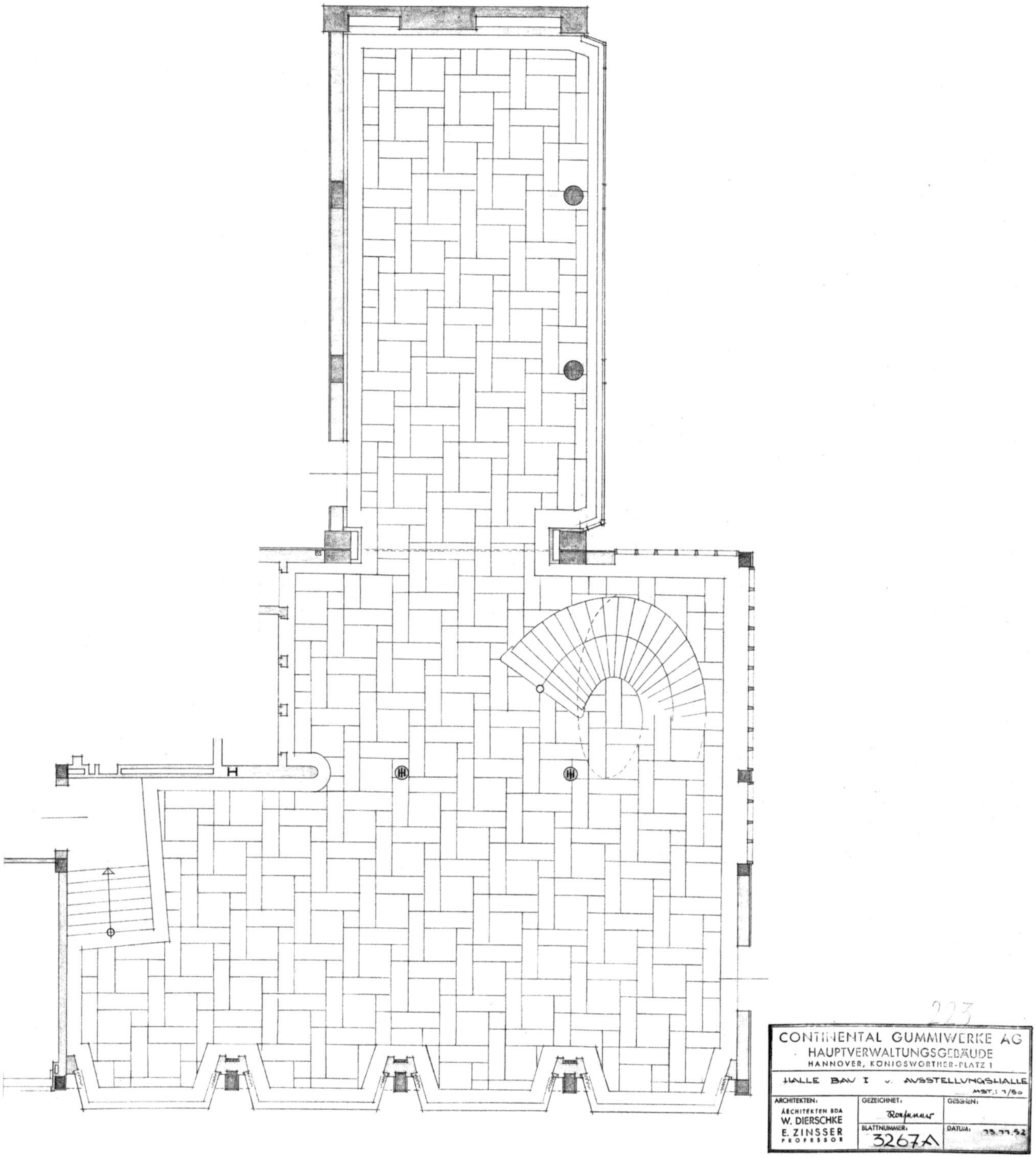
CONTINENTAL GUMMIWERKE AG
HAUPTVERWALTUNGSGEBÄUDE
HANNOVER, KÖNIGSWORTHER-PLATZ 1
HALLE BAU I u. AUSSTELLUNGSHALLE
MST.: 1/50
ARCHITEKTEN:
ARCHITEKTEN BDA
W. DIERSCHKE
E. ZINSSER
PROFESSOR
GEZEICHNET:
GESEHEN:
BLATTNUMMER:
3267A
DATUM:

das Foyer

Das Foyer überzeugt durch seinen hellen, lichtdurchfluteten Innenraum mit der frei eingestellten eleganten Wendeltreppe. Es erfährt sowohl eine Erweiterung im Obergeschoss als auch im Ausstellungsraum mit den Vitrinen im Verbindungstrakt.

Geschäftsbücherfabrik Edler + Krische
1952/53

Kestnerstraße 42

Das im Krieg erheblich zerstörte Gebäude der Geschäftsbücherfabrik Edler + Krische in der heutigen Kestnerstraße wurde in den Jahren 1952/53 von Ernst Zinsser neu gebaut. Unter Einbeziehung einiger Reste des Erdgeschosses entwarf er einen viergeschossigen, lang gestreckten Baukörper, der an der Westseite von einem an der Stirnseite vollflächig verglasten Treppenhausturm vollendet wird.
Es handelt sich insgesamt um eine Stahlbetonkonstruktion mit Stahl-Stein-Decken, die von einer mittleren Stützenreihe getragen werden, was eine vollkommen freie Innenraumaufteilung ermöglicht. Die feingliedrigen, bündig eingebauten Stahlfensterbänder bilden einen gelungenen Kontrast zum Heisterholzer Ziegel des Verblendmauerwerks. Zinsser gelang mit dem Bau der Geschäftsbücherfabrik Edler + Krische ein überzeugendes und zeitloses Beispiel der Industriearchitektur des 20. Jahrhunderts.

der Eingang

Der an der Straßenseite befindliche Haupteingang wird über eine kleine Freitreppe erreicht und durch ein filigranes Vordach auf sehr dünnen Stahlstützen markiert. Lange, bündige Fensterbänder zeugen von einem gewissen Einfluss skandinavischer Architektur auf das Werk Zinssers.

40
Kestnerstraße 40
Öffnungszeiten

Büro- und Geschäftshaus Stichweh
1954

Georgstraße 19

Das Gebäude in der Georgstraße 19 an der Ecke zur Kanalstraße baute Ernst Zinsser 1954 für den hannoverschen Textilunternehmer Wilhelm Stichweh. Dieser galt als Förderer moderner Architektur und hatte sich im Jahr zuvor sein Privathaus in Hannover von Walter Gropius errichten lassen.
Über dem Erd- und Mezzaningeschoss des Geschäftshauses in der Georgstraße 19 erhebt sich ein fünfgeschossiger, in Breite und Höhe fast gleichseitiger kubischer Baukörper mit Büronutzung. Markant sind die feingliedrigen, asymmetrischen Fensterteilungen mit schwarzen Brüstungen aus Detopakglas. Um die Büroflächen nicht zu verringern, verzichtete Zinsser auf Heizkörper vor den Fenstern und fügte die Heizrohre in die Decken ein. Ein hervortretendes Element ist die schmale Wandscheibe, die scheinbar klingenartig in die Fassade schneidet und als Werbeträger das Firmenlogo zeigt. Am Übergang zur Nachbarschaft schuf Zinsser einen kleinen Versatz, um dem Baukörper seine Solitärwirkung zu erhalten.
Das Geschäfts- und Bürohaus für die Firma Stichweh kann durch die Blockhaftigkeit des Gebäudekörpers, die Reduktion in der Materialwahl, die in der Fassade bündig sitzenden Fenster und die feine Profilierung der asymmetrischen Fensterteilungen als charakteristisch für die Architektur der 1950er Jahre betrachtet werden.

GEORG
APOTHEKE
COSMETICS

das Tragwerk und die Fassaden

Die Fassaden des Gebäudes gliederte Zinsser durch die von außen ablesbare Struktur der Stützen und Decken des Stahlbetonskelettbaus. In den durch dieses Betonraster gebildeten Gefachen befinden sich geschosshohe Fensterelemente, die bündig in die Fassade eingebaut wurden.

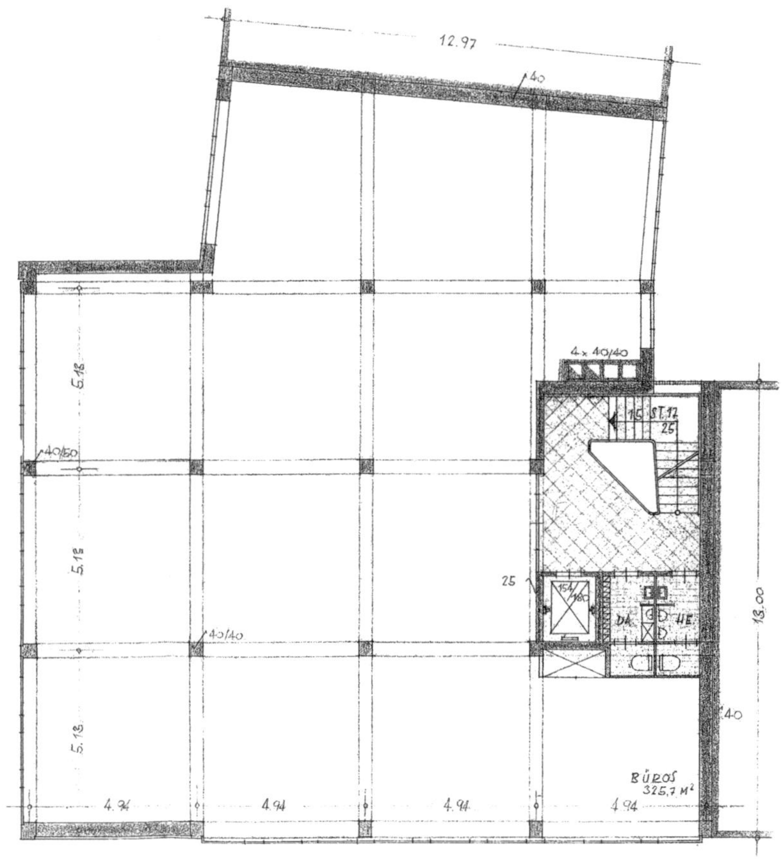

1. OBERGESCHOSS

Fabrikationshalle der Bettfedern- und Daunenfabrik Werner & Ehlers 1954/55

Wilhelm-Bluhm-Straße 12

Im Stadtteil Linden befindet sich südlich des Leinebogens das ehemalige Fabrikationsgebäude der Bettfedern- und Daunenfabrik Werner & Ehlers. Heute ist das Gebäude eine Einrichtung des renommierten hannoverschen Kunstvereins FAUST e. V. Ernst Zinsser sah im Jahr 1954 vor, den Fabrikkomplex in zwei Bauabschnitten zu realisieren. In der ersten Phase wurde das bereits bestehende Fabrikgebäude durch einen niedrigen Gebäudeteil mit einem dreigeschossigen Baukörper verbunden. Dabei wurde der vorhandene Keller des Verbindungsbaus in die Gesamtplanung mit einbezogen. Als Konstruktion für das neue Gebäude der Bettfedern- und Daunenfabrik wählte Zinsser ein Stahlbetonskelett mit einer Verblendung aus Mauerwerk. Die großen Fensterflächen mit den filigranen Rahmungen wurden ermöglicht, indem Zinsser die Deckenscheiben auskragen ließ. Um die Innenräume des obersten Geschosses besser zu belichten, positionierte der Architekt auf dem Dach zwei große Oberlichtbänder. An den Hauptbaukörper fügte er einen Treppenturm mit Lastenaufzug an, ebenfalls mit Mauerwerksverblendung.

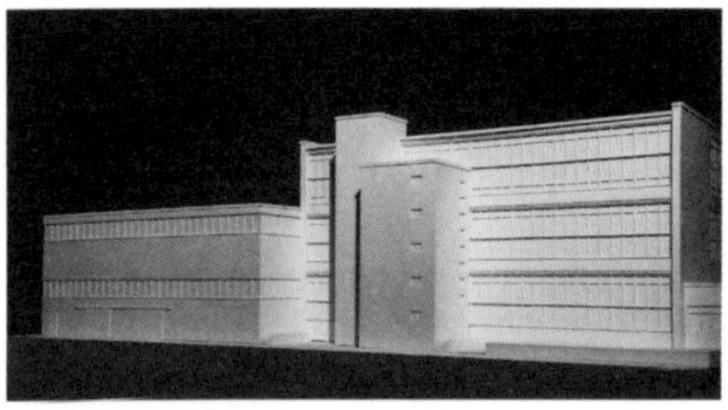

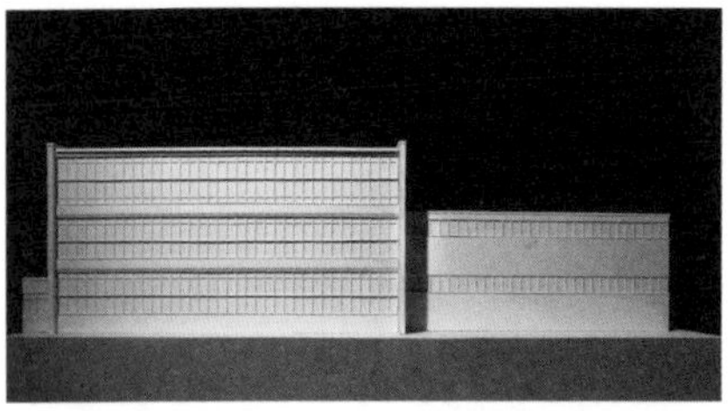

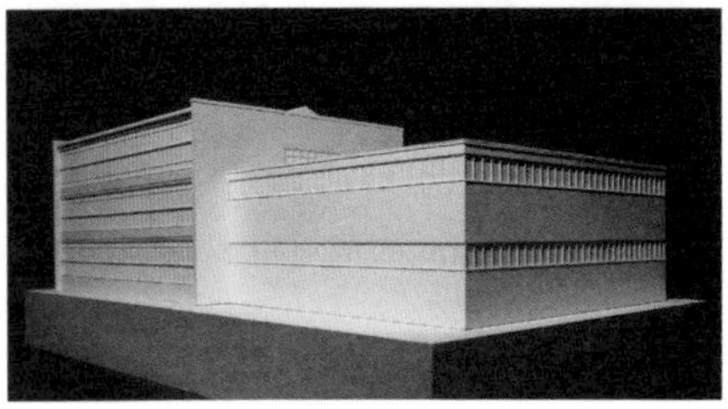

die Fassade

Zu bemerken ist, dass Zinsser den Hauptbaukörper nicht als Kubus schuf, sondern die seitlichen Ziegelmauern über die übrige Attika etwas hinausführte. Somit wirken die langen Ziegelstreifen in der Fassade so, als seien sie zwischen die beiden Außenwände gespannt.

Verwaltungsgebäude als Erweiterung der H.W. Appel-Werke 1955–57

Engelbosteler Damm 72

Ernst Zinsser konnte 1954 einen vom hannoverschen Feinkosthersteller Heinz Appel ausgelobten Wettbewerb für sich entscheiden und am Engelbosteler Damm den Erweiterungsbau für das Werk realisieren. Zwischen dem fünfgeschossigen Gebäuderiegel am Engelbosteler Damm und dem Altbaubereich an der Schöneworthstraße vermittelt ein zweigeschossiger Eingangsbau mit Sitzungszimmer. Im fünfgeschossigen Hauptgebäude befanden sich die Räume für die Herstellung der Feinkostartikel sowie die Kantine. Zinsser entwarf eine klar strukturierte Fassade, die sich in 14 Achsen aufteilt. Pro Achse gibt es zwei Fenstertypen, ein außenbündiges Fenster und ein dreigeteiltes Fenster mit Öffnungsflügeln nach innen, das innenbündig in der Fassade liegt. Gemäß den Vorgaben des Bauherrn sollte eine größtmögliche Verschattung der Innenräume gewährleistet sein, um für die Verarbeitung der Feinkostprodukte optimale Bedingungen zu schaffen. Zinsser löste diese Aufgabe, indem er fünf senkrechte Lamellenflügel vor dem Fensterfeld zur Verschattung positionierte. Das Gebäude schließt mit einem geneigten Stehfalzdach aus Kupfer ab, pro Achse gibt es jeweils zwei gleichgroße Fenster im Format der unteren Geschosse. Heute ist das Gebäude als Niels-Stensen-Haus bekannt und wird von den Caritas-Werkstätten Hannover genutzt.

das Fassadenmodul

Links im Feld befindet sich ein außenbündiges, öffenbares Fenster. Das direkt rechts daneben liegende, dreigeteilte große Fensterelement wird jeweils von fünf fensterhohen, senkrechten Lamellen verschattet. Die beiden Fensteröffnungen werden im Brüstungsbereich durch ein Feld mit Ziegelornamentik zu einem Modul zusammengefasst.

Lichthof im Hauptgebäude
der Leibniz Universität Hannover
(„Welfenschloss")
1956

Welfengarten 1

Nach den Plänen von Christian H. Tramm wurde mit dem Bau des Welfenschlosses als Sommerresidenz des hannoverschen Königs im Jahr 1857 begonnen. Nach dem hannoversch-preußischen Krieg 1866 stoppten die Baumaßnahmen, bis 1879 das Gebäude unter der Leitung von Hermann Hunaeus für die Zwecke der Polytechnischen Hochschule, der heutigen Leibniz Universität Hannover, umgebaut wurde. Hunaeus entfernte das große Glasdach über der Innenhalle und positionierte dort ein zentrales Treppenhaus, sodass seitlich zwei Höfe entstanden. Nachdem das Gebäude im Zweiten Weltkrieg starke Zerstörungen erfahren hatte, wurde Ernst Zinsser mit dem Wiederaufbau beauftragt. Indem er das zentrale Treppenhaus beseitigen ließ und ein neues Glasdach über der Halle baute, versetzte er den Innenraum gewissermaßen in den Tramm'schen Ursprungszustand zurück. Im hinteren Bereich der Halle positionierte Zinsser zwei von einem Podest ausgehende Treppen, die hinauf zur umlaufenden Galerie führen. Den hellen Fußboden gestaltete er mit dunklen bandartigen Mustern.
Mit dem Wiederaufbau und der Neugestaltung des Lichthofes im ehemaligen Welfenschloss verlieh Ernst Zinsser dem Hauptgebäude der Leibniz Universität Hannover nicht nur ein repräsentatives Foyer, sondern auch eine zentrale Halle für universitäre Veranstaltungen und Festlichkeiten.

die Halle

Unterhalb des Glasdachs positionierte Zinsser zur Optimierung der Raumakustik eine Art offene Kassettendecke. Getragen wird die Konstruktion des Glasdachs von zwei Reihen von jeweils sechs schlanken Stützen. Jede einzelne dieser Stützen besteht wiederum aus einem Bündel von drei sehr schlanken Stahlrohren.

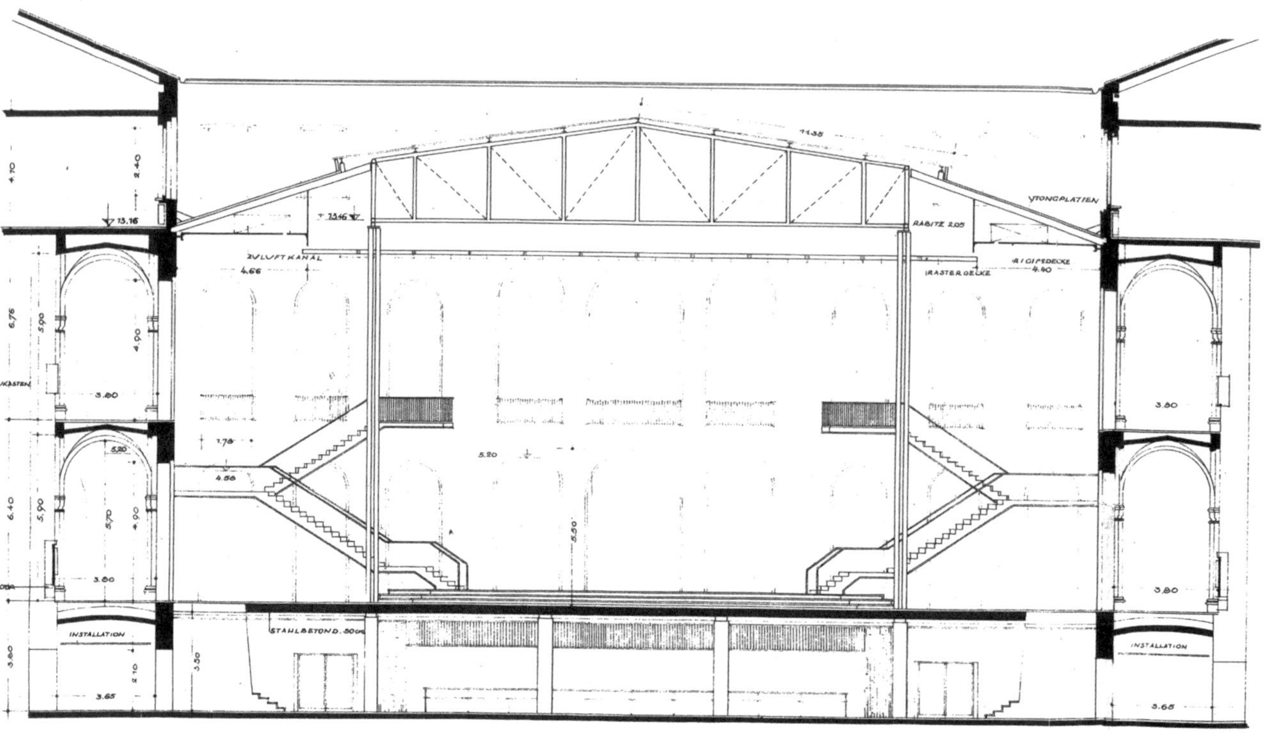

Büro- und Geschäftshaus Weitz
1956

Georgstraße 46

Nachdem das Geschäftshaus Weitz an der Ecke Georgstraße / Windmühlenstraße im Krieg vollständig zerbombt worden war, konnte zunächst nur das Erdgeschoss mit dem Untergeschoss wieder aufgebaut werden, um den Betrieb des Ladengeschäfts wieder aufzunehmen. Durch die positive wirtschaftliche Entwicklung konnte die Familie Weitz Ernst Zinsser kurz darauf auch mit dem zweiten Bauabschnitt beauftragen. Zinsser entwarf zur Georgstraße einen sechsgeschossigen Baukörper, der zusammen mit einem viergeschossigen Gebäudeflügel zur Windmühlenstraße einen Winkel bildet. Der entstandene Hof wurde eingeschossig überbaut. Sowohl im Erdgeschoss als auch im ersten Obergeschoss befinden sich zusammenhängende Ausstellungs- und Verkaufsräume. Die darüberliegenden Geschosse sind der Büronutzung vorbehalten, während sich im fünften Obergeschoss eine Hausmeisterwohnung befindet. In der Fassade zeichnet sich die vertikale Struktur der Stahlbetonstützen ab, die, mit Oberkirchner Sandstein verkleidet, bündig in der Fassadenfläche abschließen. Diesen gegenüber stehen die feingliedrigen, bündig eingebauten Metallfenster und die braun eingefärbten Brüstungsbänder aus Kupferblech, die eine horizontale Gliederung bewirken. Aufgrund von Korrosionsschäden mussten diese Brüstungselemente später gegen Eternitplatten ausgetauscht werden. Die Traufkante des Gebäudekörpers an der Georgstraße wollte Zinsser leicht abkanten, was allerdings später verworfen wurde.

WEITZ

die Ecklösung

Die drei oberen Geschosse des Gebäudeflügels an der Windmühlenstraße ließ Zinsser etwas über die Gebäudeflucht hinauskragen, sodass sich im Erdgeschoss ein Unterschnitt bildete. Zinsser gelang auf diese Weise eine optische Verzahnung der beiden Gebäudeflügel. Der von Zinsser entworfene Schaukasten im Erdgeschoss musste später weichen, nachdem der Haupteingang des Ladengeschäftes auf die Ecke verlegt wurde.

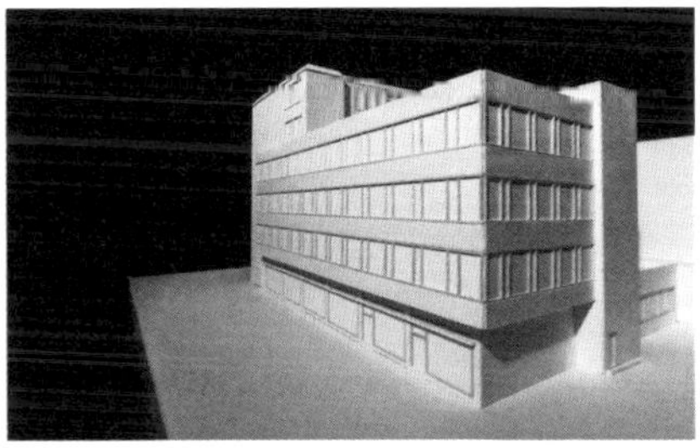

Wohn- und Geschäftshaus Stichweh
1957–1959

Varenwalder Straße 67

An der Ecke Vahrenwalder Straße / Grabbestraße befindet sich das Wohn- und Geschäftshaus Stichweh. An der Ecke des Blocks wirkt der Gesamtbaukörper wie ein Gelenk, das den Eingang in die Grabbestraße markiert. Im Erdgeschoss, das der Raumkante der Straßenzüge folgt, sind drei Ladennutzungen untergebracht, unter anderem für die Firma Stichweh. Darüber erhebt sich der siebengeschossige kubische Hauptbaukörper mit Flachdach, in dem sich insgesamt 28 Wohnungen befinden. Die Erschließung dieser Wohnungen erfolgt über einen Eingang in der Grabbestraße. Das Gebäude wurde in Massivbauweise in Kalksandstein errichtet und mit lederrotem Ziegel an der Außenfassade verblendet. Den Rahmen der weißen Holzfenster wurde ein vertiefter Pfalz gegeben, um eine spätere Mehrscheibenverglasung zu ermöglichen. Wie schon beim Geschäftshaus Stichweh in der Georgstraße dringt ähnlich einer Messerklinge eine senkrechte Scheibe mit dem Stichweh-Logo scheinbar in den Baukörper ein und betont die vertikale Richtung. Zinsser gelang es, mit dem Wohn- und Geschäftshaus Stichweh an der Vahrenwalder Straße eine städtebauliche Dominante zu setzen, ohne die räumliche Kontinuität des Straßenraums aufzugeben.

tzen direct
Stichweh

der Hochpunkt

Die Anschlüsse des kubischen Hauptbaukörpers an die jeweils angrenzenden Giebelseiten der Nachbarhäuser ließ Zinsser über etwas eingerückte, niedrigere Gebäudeteile erfolgen. So schließt sich die Raumkante im Erdgeschoss, während das Haus, obwohl es nur wenig über die Nachbargebäude hinausragt, deutlich höher erscheint.

Büro- und Geschäftshaus Gundlach
1958/59

Rathenaustraße 9 / Theaterstraße

Das Büro- und Geschäftshaus für das hannoversche Wohnungsbauunternehmen Gundlach befindet sich in an der Ecke Rathenaustraße/ Theaterstraße, in unmittelbarer Nachbarschaft zum Opernhaus. Der dem Straßenbogen folgende siebengeschossige Baukörper wurde als Stahlbetonkonstruktion mit flachem Dach erstellt. Um die Masse des Baukörpers optisch abzumildern, staffelte Zinsser die Südfassade zur Rathenaustraße, indem er die unteren sechs Geschosse um 1,70 Meter hervortreten ließ. Die zum Straßenraum wirkende Traufkante wird somit herabgesetzt, da das siebte Geschoss wie ein Staffelgeschoss wirkt. Dieses Vorgehen, aus der eigentlichen Fassadenfläche einen blockähnlichen Teil hervortreten zu lassen, hatte Zinsser bereits am Büro- und Geschäftshaus Weitz angewendet. Hier allerdings treten die vorspringenden Bauteile als sieben einzelne, erkerähnliche Elemente hervor, die jeweils durch schmale Fugen voneinander separiert werden. Die Stützen, die das Fassadenbild vertikal strukturieren, wurden ursprünglich mit mattem Detopak-Glas und die Brüstungen mit grünem Glasmosaik verkleidet.

Gundlach
WARSTEINER
WARSTEINER
SØR
WARSTEINER
WARSTEINER
WARSTEINER
JUWELIER
David Cohn

GASOLIN

die Abstaffelung

Während Zinsser den Baukörper siebengeschossig um die leichte Kurve zur Theaterstraße führte, fügte er zur anschließenden Nachbarbebauung einen etwas zurückgesetzten, turmähnlichen Gebäudekörper als Zwischenglied ein, um einen gestalterisch sauberen Anschluss zum hohen Brandgiebel zu schaffen.

Kirchenkanzlei der Evangelischen Kirche in Deutschland
1964/65

Herrenhäuser Kirchweg 33

Das Gebäude der Kirchenkanzlei befindet sich im Stadtteil Herrenhausen in unmittelbarer Nähe zum Georgengarten und zum Großen Garten. Das Hauptgebäude ist ein dreigeschossiger Stahlbetonskelettbau auf rechteckigem Grundriss. An der Fassade hob Ernst Zinsser, in Zusammenarbeit mit seinem Büropartner Hans-Jürgen Meyer Delvendahl, die Tragstruktur von Stützen und Deckenscheiben deutlich hervor, indem er die Fassadenelemente hinter die achteckigen Stützen zurücksetzte. Als Folge dessen bewirken die Ansichtsflächen der Decken und der Attika eine deutliche horizontale Gliederung der Fassaden; ein Motiv, das bei Zinssers Entwürfen in jenen Jahren wiederholt auftritt. Die Liegenschaft befindet sich heute im Besitz des Landes Niedersachsen und wird von der Leibniz Universität Hannover für die Fachgruppe Landschaftsarchitektur und Umweltplanung der Fakultät für Architektur und Landschaft genutzt.

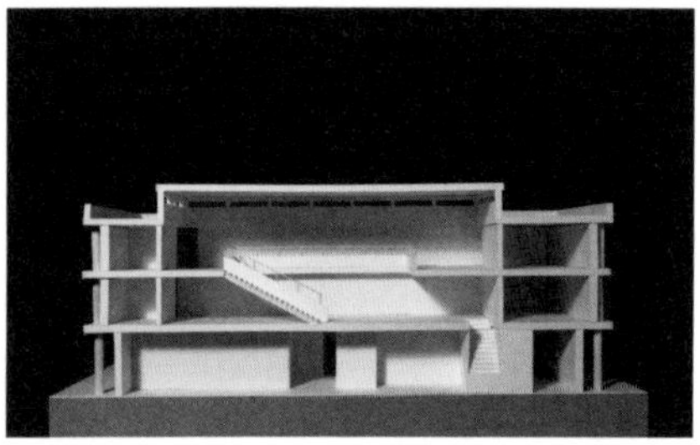

der zentrale Raum als Verteiler

Das Herzstück des Gebäudes bildet die zentrale Halle mit einem umlaufenden Oberlichtstreifen. Über die Haupttreppe erschließt man die rundherum angeordneten Büros des Obergeschosses.

Rechenzentrum der Hauptverwaltung der Continental-Gummiwerke AG 1966/67

Körnerstraße 16

Aufgrund der zunehmenden Automatisierung der Arbeits- und Verwaltungsprozesse beschloss die Unternehmensleitung der Continental AG im Jahr 1966, am Standort der 1953 fertiggestellten Hauptverwaltung am Königsworther Platz ein Rechenzentrum zu errichten. Die mit dem Vorhaben beauftragten Ernst Zinsser und Hans-Jürgen Meyer-Delvendahl schlugen den Bedürfnissen entsprechend ein fünfgeschossiges Gebäude in Stahlbetonskelettbauweise vor, deren Pilzkopfstützen unterzugsfreie Decken ermöglichten. Die Architekten entschieden sich für eine sehr plastische horizontale Fassadengliederung, indem sie die Fassaden durch umlaufende Fenster- und Brüstungsbänder zwischen Betonstützen strukturierten. Dieser Fassadenebene vorgelagert befinden sich begehbare Gitterroste, die an dünnen Stahlstreben von der weit ausladenden Attika abgehängt sind. Während im Erdgeschoss ein Foyer und die Abteilungen der elektronischen Datenverarbeitung untergebracht waren, befanden sich in den Obergeschossen Großraumbüros. Im Jahr 2008 wurde auf dem Dach eine sechste Einheit als Staffelgeschoss ergänzt und das Treppenhaus verglast. Heute ist dieses Gebäude als Teil des Conti-Campus im Besitz der Leibniz Universität Hannover und wird als Bibliothek genutzt.

die Treppe als Skulptur

Ein besonders markantes Element stellt die skulpturale, dem Baukörper außen angefügte Freitreppe dar, deren Stufen durch eine zentrale Wandscheibe getragen werden. Im Zuge von Umbaumaßnahmen wurde das Treppenhaus verglast, wodurch es einiges von seiner ursprünglichen skulpturalen Wirkung verlor.

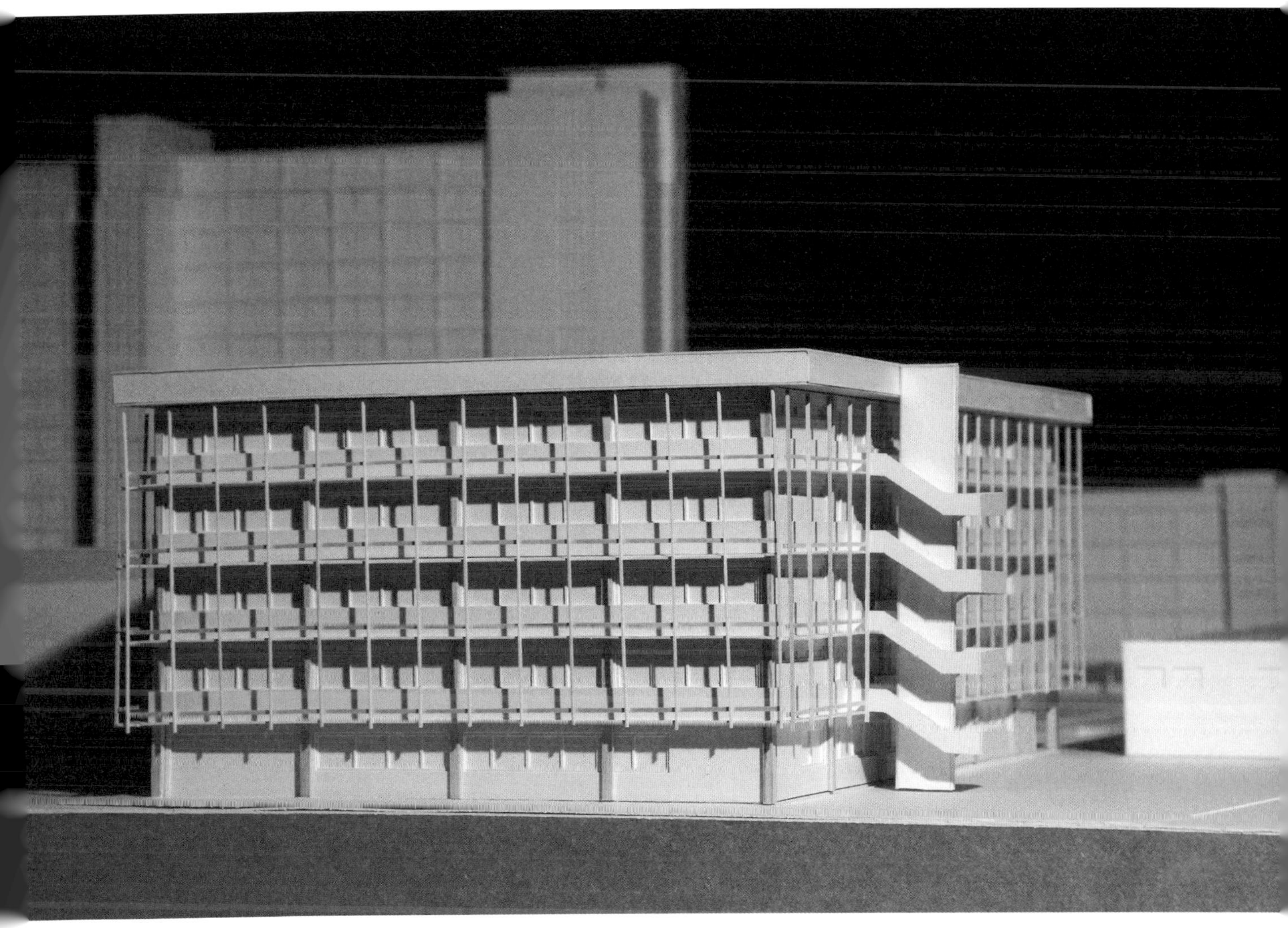

Hotel am Leineschloss
1968–1970

Am Markte 12

Das Gebäude für das Hotel am Leineschloss befindet sich in unmittelbarer Nachbarschaft zur Marktkirche und zum Alten Rathaus. Durch erhebliche Zerstörungen im Krieg war der Platz Am Markte besonders in seinem südwestlichen Bereich nicht mehr räumlich gefasst. Mit dem Gebäuderiegel des Hotels verliehen Zinsser und Meyer-Delvendahl dem Markplatz einen neuen, klar definierten räumlichen Abschluss und reagierten gleichfalls auf den zum Leineschloss führenden erweiterten Straßenraum der Dammstraße. An der zum Platz Am Markte gerichteten Fassade fassten die Architekten die Fenster der Obergeschosse paarweise zusammen und schufen durch die vertikale Gliederung Bezüge zur Parzellierung der Bürgerhäuser, die einst das Stadtbild prägten. Kontrastierend dazu stellte Zinsser die geschossweisen horizontalen Betonbänder, die den Ziegelbaukörper optisch wieder zusammenfassen.
Mit dem Bau des Hotels am Leineschloss bewies Zinsser, wie subtil er einen Baukörper in einen historisch bedeutsamen und komplexen Altstadtbereich einfügen kann, ohne sich architektonisch der umgebenden Fachwerkarchitektur anzubiedern. Er entfernte sich mit diesem Entwurf vom Funktionalismus und trug dem Charakter und der Geschichte des Ortes in besonderem Maße Rechnung.

der Ort und die Erinnerung

Zinsser und Meyer-Delvendahl haben die Stirnseite des Gebäudekörpers abgestaffelt und somit die einst kleinteilige Parzellierung der spätmittelalterlichen Altstadt zitiert. Ein Kunstgriff, den in ähnlicher Weise zuvor schon Dieter Oesterlen beim Bau des Historischen Museums Hannover anwandte.

Concorde Hotel
Am Leineschloß
Hotel

Physikalische Institute
der Leibniz Universität Hannover
1971

Appelstraße 2

Das Gebäude der Physikalischen Institute der Technischen Hochschule Hannover bauten Ernst Zinsser und Hans-Jürgen Meyer-Dalvendahl 1971 in der Nordstadt an der Ecke Schneiderberg/Appelstraße. Zwei dreigeschossige, den Straßenfluchten folgende Gebäudeflügel bilden gemeinsam einen L-förmigen Baukörper. Dem in Stahlbetonskelettbauweise konstruierten Gebäude verlieh Zinsser eine Vorhangfassade, das heißt, er verzichtete in diesem Fall darauf, das vertikale Tragwerk in der Fassadenebene abzubilden. Stattdessen dominiert eine horizontale Fassadenstruktur, die durch Fenster- und Brüstungselemente gebildet wird. Leicht aus der Front zurückgenommen, überragt ein massiver Aufzugsturm das Gebäude und gibt dem aufgelösten Baukörper optischen Halt. Zinsser hat das Institutsgebäude, in dem sich vorwiegend Laborräume befinden, als dreibündige Anlage konzipiert. Um eine maximale Variabilität zu gewährleisten, versetzte er Stütz- und Ausbauraster gegeneinander. Das Gebäude gehört heute zum Standort Schneiderberg der Leibniz Universität Hannover und erfährt nach wie vor seine ursprüngliche Nutzung.

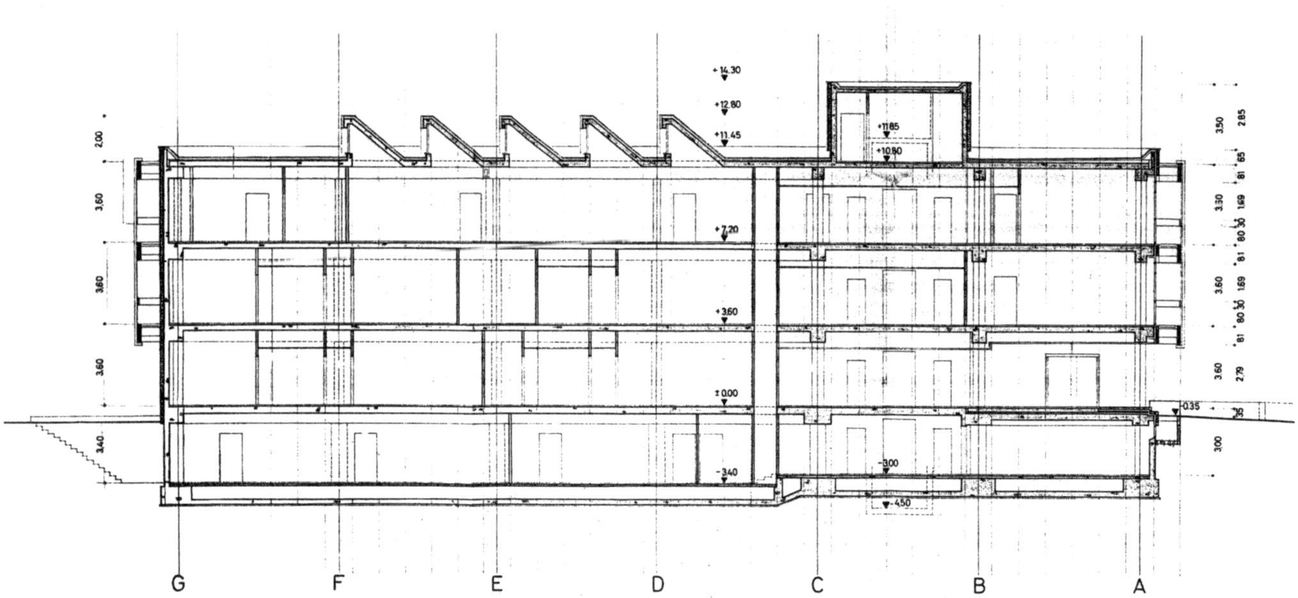
G
F
E
D
C
B
A

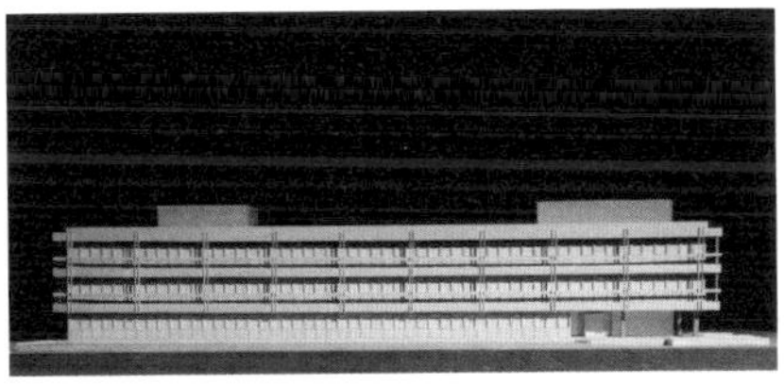

der Brise-soleil

Die vor die Stirnseite montierten Blenden aus Asbestzementplatten, die wie ein Brise-soleil der Verschattung dienen, betonen die Horizontalität der Fassade und verleihen ihr ein sehr plastisches Erscheinungsbild. Als Kontrapunkt zur horizontalen Struktur fungieren die feinen, senkrechten Stahlrohre, die farblich akzentuiert die Konsolen der Umgänge halten.

Lebenslauf Ernst Adolf Zinsser
1904–1985

	Geboren am 26. Juni 1904 in Köln
1924–1929	Studium der TH Stuttgart und Karlsruhe
1927	Mehrere Studienreisen ins Ausland sowie Studium in Danzig und Dresden
1929–1931	Assistent an der TH Karlsruhe am Lehrstuhl für Bauformenlehre von Professor Gisbert Teuffel
1931–1934	Ausbildung zum Regierungsbaumeister in Bonn und Berlin
1934	Gründung des eigenen Architekturbüros in Berlin mit Fritz Schaller
1935	Wegen des Auftrags für das neue Industriefachwerk für die Vereinigten Leichtmetallwerke in Hannover beendet er die Bürogemeinschaft mit Fritz Schaller und siedelt nach Hannover über
1947–1964	Mitglied im Sachverständigen-Beirat von Hannover und frühzeitig am Wiederaufbau Hannovers beteiligt
1947–1971	Professor für Entwerfen an der TH in Hannover
1954	Vier seiner Bauten werden als vorbildliche Leistung des Wiederaufbaus mit dem Laves-Preis der Stadt Hannover ausgezeichnet
1965–1973	Büropartnerschaft mit Hans-Jürgen Meyer-Delvendahl
1981	Der Rat der Stadt Hannover verleiht ihm „die Plakette der Verdienste um die Landeshauptstadt Hannover“
1984	Ehrenmitglied des Bund Deutscher Architekten in Niedersachsen
	Gestorben am 16. Dezember 1985 in Hannover

Abbildungsnachweis

Zeichnung von Vanessa Niemeyer (nach einem Original aus dem Büro Prof. Zinsser): S. 18
Zeichnungen aus dem Büro Prof. Zinsser (mit freundlicher Genehmigung von Herrn Hans-Jürgen Meyer-Delvendahl): S. 30, 74
Zeichnungen aus dem Büro Prof. Zinsser (mit freundlicher Genehmigung der Leibniz Universität Hannover): S. 34, 38, 42, 62, 90
Zeichnung aus dem Büro Prof. Zinsser (mit freundlicher Genehmigung von Herrn Dr. Klaus Stichweh): S. 50
Zeichnung aus dem Büro Prof. Zinsser (mit freundlicher Genehmigung von Herrn Jürgen Weitz): S. 66
Zeichnung von Isabell Sliwa und Jonas Trittmann: S. 92–93

Fotos: Leibniz Universität Hannover, S. 8–11, 69
Alle weiteren Fotos: Julian Martitz

Verwendete Literatur

Arbeitsgruppe in der Architektenkammer Niedersachsen: *Bauten der 50er Jahre. Erscheinungskriterien*. Hannover 1988
Baumeister, Jg. 48/1951, H. 7
Baumeister, Jg. 51/1954, H. 2
Der Architekt, 1982, H. 1
Haas, Ralph: *Ernst Zinsser, Leben und Werk eines Architekten der Fünfziger Jahre in Hannover*, Diss. Hannover 2000
Hackelsberger, Christoph: *Die aufgeschobene Moderne*. München/Berlin 1985
Hannoversche Allgemeine Zeitung vom 26. Juni 1969
Kier, Hiltrud: *Architektur der 50er Jahre. Bauten des Gerling Konzerns in Köln*. Frankfurt a.M./Leipzig 1994
Koch, Alexander / Oesterlen, Dieter: *Bauten und Planungen 1946–1963* (Bauten und Planungen, Band 2). Stuttgart 1964
Le Corbusier: *Ausblick auf eine Architektur* (1922) (Bauwelt Fundamente 2). Gütersloh/Berlin 1969
Lindau, Friedrich: *Planen und Bauen der Fünfziger Jahre in Hannover*. Hannover 1998
Oesterlen, Dieter: *Bauten und Texte 1946–1991*. Tübingen/Berlin 1992
Uni Magazin Hannover, Jg. 22/1995, H. 1

Impressum

Herausgeber: Prof. Zvonko Turkali, Dr. Jens Broszeit, Arlette Feltz-Süßenbach, Henrik Weber
Institut für Entwerfen und Gebäudelehre
Abteilung Baukunst
Fakultät für Architektur und Landschaft
Leibniz Universität Hannover
www.turkali.entwerfen.uni-hannover.de

Redaktion: Prof. Zvonko Turkali, Dr. Jens Broszeit, Arlette Feltz-Süßenbach, Henrik Weber
Gestaltungskonzept, Layout und Satz: Bucharchitektur \ Kathrin Schmuck, Kiel
Text: Dr. Jens Broszeit
Mitarbeit: Julian Martitz, Isabell Sliwa, Jonas Trittmann
Lithografie: Bild1Druck, Berlin
Druck und Bindung: Graspo CZ a. s., Zlín, CZ
Papier: Munken Polar Rough, 120 g/qm
Einband: Dubletta, Gebrüder Schabert
Schrift: Palatino LT Std

Bibliografische Information der Deutschen Nationalbibliothek
Die Deutsche Nationalbibliothek verzeichnet diese Publikation in der Deutschen Nationalbibliografie; detaillierte bibliografische Daten sind im Internet über http://dnb.d-nb.de abrufbar.

jovis Verlag GmbH
Kurfürstenstraße 15/16
10785 Berlin

www.jovis.de

ISBN 978-3-86859-453-9